D1377762

L'ASSASSIN QUI RÊVAIT D'UNE PLACE AU PARADIS

Jonas Jonasson

L'ASSASSIN QUI RÊVAIT D'UNE PLACE AU PARADIS

Roman

Traduit du suédois par Laurence Mennerich

PRESSES DE LA CITÉ

Titre original : *Mördar-Anders och hans vänner (samt en och annan ovän)*

First published by Piratförlaget, Sweden.
www.piratforlaget.se
Published by agreement with Brandt New Agency.

© Jonas Jonasson, 2015
© Presses de la Cité, 2016 pour la traduction française
ISBN 978-2-258-13353-2

Presses
de   un département **place des éditeurs**
la Cité

place
des
éditeurs

Tu aurais adoré celui-là, papa.
Voilà pourquoi il est pour toi.

PREMIÈRE PARTIE

UNE ENTREPRISE
PAS COMME LES AUTRES

1

Le jeune homme dont la vie serait bientôt remplie de mort, de violence, de voleurs et de bandits rêvassait derrière le comptoir d'un des hôtels les plus tristes de Suède.

Unique petit-fils de Henrik Bergman, défunt marchand de chevaux, il attribuait tous ses malheurs à son grand-père, qui avait été, dans son domaine, le numéro un de la Suède méridionale : chaque année, il ne vendait jamais moins de sept mille bêtes, toutes de premier choix.

Hélas, à partir de 1955, les paysans – ces traîtres – commencèrent à délaisser les bêtes au profit des tracteurs, et ce à une allure que l'aïeul refusa de présager. Les sept mille transactions devinrent sept cents, qui devinrent soixante-dix, qui devinrent sept. En cinq ans, les millions de la famille s'envolèrent en un nuage de diesel. Le père du petit-fils pas encore né essaya de sauver ce qui pouvait l'être. En 1960, profitant des rumeurs qui allaient bon train, il alla prêcher les répercussions de la mécanique auprès des paysans de la région. Dans le sillage des théories selon lesquelles une projection de carburant décuplait les forces – or, ces hommes en recevaient souvent ! –, le père évoqua des études qui démontraient que le diesel pouvait entraîner la stérilité masculine.

Il n'aurait pas dû. Primo, c'était faux. Et secundo, les paysans, accablés par la voracité de leur abondante progéniture, mais toujours libidineux, trouvèrent cela merveilleux. Se procurer des préservatifs était embarrassant, ce qui n'était pas le cas pour un Massey Ferguson ou un John Deere.

Le grand-père mourut indigent, d'une ruade de son dernier animal. Son fils, abattu et sans cheval, remonta en selle en suivant une nouvelle formation. Quelque temps plus tard, il obtint un emploi chez Facit AB, une des premières entreprises mondiales de production de machines à écrire et à calculer. Une deuxième fois, il fut broyé par le progrès, car soudain, la calculatrice électronique débarqua sur le marché. À la différence des produits Facit, de la taille d'une brique, la variante japonaise tenait dans la poche intérieure d'une veste.

Les machines du groupe Facit ne rétrécirent pas (du moins pas assez vite), contrairement à la firme qui finit par se ratatiner tout à fait.

Le fils du marchand de chevaux se vit signifier son congé. Pour oublier qu'il avait été floué à deux reprises par la vie, il se mit à la boisson. Sans emploi, aigri, jamais douché et toujours ivre, il perdit vite tout son charme aux yeux de son épouse, de vingt ans sa cadette, qui tint le coup un moment.

Finalement, la patiente jeune femme décida de réparer l'erreur qu'elle avait commise lorsqu'elle s'était mariée avec un homme qui n'était pas le bon.

— Je veux divorcer, annonça-t-elle un matin à son époux qui déambulait en caleçon blanc couvert de taches foncées.

— T'as pas vu la bouteille de cognac ?

— Non. Mais je veux divorcer.

— Je l'avais posée à côté de l'évier hier soir, t'as dû la déplacer.

— Ce n'est pas impossible qu'elle ait atterri dans le bar quand j'ai nettoyé la cuisine, je ne me souviens plus, mais j'essaie de t'expliquer que je veux divorcer.

— Dans le bar ? Oui, bien sûr, j'aurais dû regarder, je suis bête. Tu déménages, alors ? Et tu emmènes l'autre qui ne fait rien que se chier dessus, hein ?

Oui, elle emmena le bébé. Un garçon blond comme les blés et aux doux yeux bleus. (Le futur réceptionniste.)

Sa mère envisageait une carrière d'enseignante, lorsque la venue au monde du bébé avait mis un coup d'arrêt à son projet. Elle partit pour Stockholm avec le petit, ses cliques et ses claques, et signa la demande de divorce. Elle reprit ainsi son nom de jeune fille, Persson, sans réfléchir aux conséquences pour son fils prénommé Per. (Non qu'il soit défendu de s'appeler

13

Per Persson, ou Jonas Jonasson d'ailleurs, même si c'est un peu redondant.)

Dans la capitale l'attendait un emploi de contractuelle. La mère de Per Persson parcourait les rues d'un bout à l'autre, essuyant quasi quotidiennement les diatribes d'hommes mal garés, en particulier ceux qui avaient les moyens de payer les amendes qu'elle venait de leur infliger. Son envie d'enseigner resta un rêve et jamais elle ne vulgarisa la science des prépositions allemandes régissant l'accusatif ou le datif auprès d'élèves qui, pour la plupart bien sûr, s'en seraient complètement fichus.

Quand elle eut passé une petite éternité à ce poste dit temporaire, il advint qu'un des contrevenants mécontents découvrit, suffoqué, qu'une femme se cachait sous l'uniforme de contractuelle. De fil en aiguille, ils allèrent dîner dans un beau restaurant où l'amende fut déchirée en deux, à point nommé pour le café et un petit verre. D'aiguille en ouvrage, le contrevenant demanda la mère de Per Persson en mariage.

Le soupirant se trouvait être un banquier islandais qui rentrait à Reykjavik. Il promit à sa future épouse de l'or et de vertes forêts. Il ouvrit également au fils ses bras islandais. Mais tant d'années avaient passé que le petit garçon blond comme les blés avait atteint sa majorité et était en mesure de décider par lui-même. Il comptait sur un avenir plus reluisant en Suède, et puisque personne ne peut comparer ce qui se produisit ensuite avec ce qui aurait pu se passer

14

à la place, impossible de dire s'il fit un bon ou un mauvais calcul.

À seize ans, Per Persson avait trouvé un petit boulot, en parallèle de son parcours de lycéen dans lequel il ne s'impliquait pas trop. Jamais il ne raconta en détail à sa mère en quoi consistait ce travail. Il avait ses raisons.

— Où tu vas, mon garçon ? demandait parfois sa mère.

— Au travail, maman.

— À cette heure-ci ?

— Oui, il y a toujours beaucoup à faire.

— Tu fais quoi, déjà ?

— Je te l'ai expliqué des centaines de fois. Je suis assistant dans le secteur du divertissement. Les rencontres entre les gens, ce genre de trucs.

— Comment ça « assistant » ? Et comment s'appelle…

— Je dois me dépêcher, maman. On en reparlera plus tard.

Per Persson esquivait encore une fois. Naturellement, il avait peu envie d'avouer que son employeur vendait de l'amour au kilo dans une grande maison jaune en bois usé à Huddinge, au sud de Stockholm. Ni que l'établissement portait le nom de Club Amore. Ou que son propre travail consistait à s'occuper de la logistique, ainsi qu'à jouer le rôle d'escorte et de contrôleur. Il devait veiller à ce que chaque client trouve la bonne chambre, où on lui proposerait la bonne forme d'amour pendant le bon laps de temps. Le garçon établissait le planning, chronométrait les clients, écoutait aux portes (et laissait libre cours à son imagination). Si les choses lui semblaient sur le point de mal tourner, il sonnait l'alarme.

Juste avant que sa mère émigre et que Per Persson achève son éducation dans tous les sens du terme, son employeur décida de se reconvertir. Le Club Amore devint la Pension La-Pointe-de-Terre. L'établissement ne se trouvait pas à proximité de la mer, encore moins sur un cap, mais comme le fit observer le patron de l'hôtel :

— Faut bien que ça ait un nom.

Quatorze chambres, deux cent vingt-cinq couronnes la nuit, toilettes et douches communes. Draps et serviettes changés une fois par semaine, si tant est que le linge sale semble vraiment sale. Passer de nid d'amour à hôtel de troisième classe n'était pas le projet originel du propriétaire. Il gagnait nettement plus d'argent quand les clients avaient de la compagnie au lit. Et quand l'emploi du temps d'une des filles le permettait, il pouvait la rejoindre pour un peu de bon temps.

L'unique avantage de la Pension La-Pointe-de-Terre était d'être moins illégale. L'ex-patron de bordel avait séjourné huit mois en prison, c'était amplement suffisant à son goût.

Ayant apporté la preuve de ses compétences logistiques, Per Persson se vit offrir le poste de réception-niste, ce qui n'était pas moins prestigieux (bien que le salaire le soit). Il était chargé d'enregistrer les arrivées et départs, de s'assurer que les clients payaient, de vérifier les réservations et annulations. Il pouvait même se montrer un peu aimable, tant que cela n'avait pas de répercussions négatives sur ses résultats.

Il s'agissait d'une activité différente, d'un nouveau statut, et la mission de Per Persson impliquait plus de responsabilités que la précédente. Cela conduisit Per à suggérer humblement au propriétaire un réajustement de son salaire.

— Vers le haut ou vers le bas ?

Per Persson répondit qu'un réajustement vers le haut serait préférable. La conversation ne se déroulait pas comme il le souhaitait. Il espéra au moins conser-ver ce qu'il avait déjà.

Ce fut le cas. Son patron eut la générosité de lui faire une offre :

— Et puis merde, t'as qu'à t'installer dans la pièce derrière la réception. Comme ça, t'auras plus de loyer à payer.

Per Persson tomba d'accord pour dire que c'était une façon comme une autre d'économiser quelques pièces. Et puisqu'il était rémunéré au noir, il n'avait qu'à faire appel à l'aide sociale et aux allocations chô-mage en complément.

Voilà comment le jeune réceptionniste se souda à son poste. Il travaillait et vivait à l'hôtel. Un an passa, puis deux et enfin cinq, et les choses ne se déroulèrent pas mieux pour le garçon que pour son père et son grand-père avant lui. C'est à ce dernier que la faute incomba post mortem. L'homme avait été multimillionnaire et, deux générations plus tard, la chair de sa chair faisait le pied de grue derrière un comptoir pour accueillir des clients à l'odeur nauséabonde répondant au nom de Dédé le Meurtrier ou autres charmants sobriquets.

Dédé le Meurtrier était l'un des plus anciens résidents de La-Pointe-de-Terre. De son vrai nom Johan Andersson, il avait passé presque toute sa vie d'adulte en prison. Si les mots et les belles phrases n'avaient jamais été son fort, il s'était aperçu très tôt qu'il y avait tout de même moyen d'avoir raison : il suffisait de réduire en pièces les contradicteurs ou, du moins, de leur donner l'impression d'y songer sérieusement. Et en remettant le couvert si besoin.

Avec le temps, les conversations de ce genre favorisèrent les mauvaises rencontres. Ses nouveaux amis incitèrent le jeune Johan à combiner ses techniques d'argumentation déjà violentes à la gnôle et aux médocs, et les choses tournèrent plutôt mal. Il n'était âgé que de vingt ans quand ce cocktail explosif lui en coûta douze, incapable qu'il fut d'expliquer comment sa hache avait fini plantée dans le dos du plus grand revendeur d'amphétamines du coin.

Huit ans plus tard, bénéficiant d'une remise de peine, Dédé le Meurtrier sortit de prison et fêta sa libération avec un tel enthousiasme qu'à peine dessoûlé il

18

se retrouva une nouvelle fois derrière les barreaux. La raison ? Une décharge de chevrotine en plein visage du successeur de l'homme à la hache dans le dos. Une vision extrêmement désagréable pour le quidam chargé de nettoyer.

Au tribunal, Dédé le Meurtrier affirma que son geste n'était pas prémédité. Du moins, le croyait-il – il ne se souvenait plus avec précision de la façon dont les événements s'étaient passés. Comme la fois suivante, d'ailleurs, lorsqu'il égorgea un troisième businessman du milieu qui lui avait reproché sa mauvaise humeur. L'homme à la gorge tranchée était perspicace, mais cela ne lui fut pas d'un grand secours.

Âgé à présent de cinquante-six ans, Dédé le Meurtrier était de nouveau en liberté. Contrairement aux fois précédentes, ce n'était pas une sortie en CDD, mais une libération permanente. C'était l'idée. Il lui suffisait d'éviter la gnôle. Et les médocs. Et tout ce et tous ceux qui avaient un rapport de près ou de loin avec l'un ou les autres.

La bière représentait un danger bien moins grand. Il s'en réjouit beaucoup. Ou un peu. Au moins, cela ne le rendit pas fou.

Il était venu à La-Pointe-de-Terre, croyant que l'endroit offrait encore des expériences du genre de celles qui manquent quand on a passé une décennie, voire trois, en prison. Une fois surmontée la déception de constater que ce n'était plus le cas, il prit quand même une chambre. Il fallait bien habiter quelque part, et à deux cent vingt-cinq couronnes la nuit, il n'y avait pas de quoi faire des histoires, surtout quand on sait à quoi les histoires peuvent mener.

Avant même de s'être acquitté du prix de son logement, Dédé le Meurtrier raconta son passé au jeune réceptionniste. Le récit incluait son enfance, même si le meurtrier était d'avis qu'elle n'avait eu aucune influence sur la suite. On pouvait résumer ses tendres années ainsi : son père buvait jusqu'à l'ivresse pour supporter son travail, et sa mère se mit à faire de même pour supporter son mari. En conséquence, son père ne supporta plus sa mère, ce qu'il lui fit savoir en lui administrant des raclées à intervalles réguliers, souvent sous les yeux de son fils.

Quand Dédé se tut, le réceptionniste ne put que lui souhaiter la bienvenue d'une poignée de main.

— Per Persson.

— Johan Andersson, répondit le meurtrier avant de promettre d'essayer de tuer le moins de gens possible à l'avenir.

Puis il demanda au réceptionniste s'il aurait une blonde à lui passer. Dix-sept ans sans bière, ça vous desséchait la gorge.

Per Persson n'avait pas l'intention de commencer sa relation avec Dédé en lui refusant une Pils. Mais pendant qu'il y était, il demanda si M. Andersson pouvait envisager de se tenir à l'écart de la gnôle et des médocs.

— Oui, ça vaudrait mieux, approuva Johan Andersson. Mais appelle-moi Dédé le Meurtrier. Comme tout le monde.

2

Per Persson le savait : il fallait profiter des petits bonheurs. Les mois passaient et Dédé le Meurtrier ne lui faisait pas la peau, ni celle d'un passant dans les environs immédiats de l'hôtel ; le patron l'autorisait à fermer la réception quelques heures chaque dimanche. Quand la météo lui était favorable – à la différence des autres circonstances de sa vie –, il en profitait pour quitter l'hôtel. Pas pour faire la fête, il n'avait pas suffisamment d'argent. En revanche, squatter un banc dans un parc pour réfléchir restait gratuit.

Ayant pris soin d'emporter quatre sandwichs au jambon et une bouteille de jus de framboise, il venait de s'installer quand il entendit :

— Comment ça va, mon fils ?

Levant les yeux, il découvrit une femme à peine plus âgée que lui. Elle était sale, fatiguée, et un col blanc de pasteur brillait à son cou, quoique taché.

Per Persson n'avait jamais accordé beaucoup d'importance à la religion, mais un prêtre restait un prêtre, et il songea qu'elle méritait autant de respect que les meurtriers, drogués et autres débris qu'il côtoyait au travail. Peut-être même davantage.

— Je vous remercie de demander, répondit-il. J'ai connu des jours meilleurs. En fait, même pas, maintenant que j'y pense. On pourrait dire que mon existence est une série de malheurs.

Nom d'un chien, voilà qu'il racontait sa vie à une inconnue. Il ferait mieux de redresser le tir.

— Mais je ne voudrais pas vous importuner avec mes petits bobos et mon humeur. Tant que j'ai quelque chose à me mettre sous la dent, tout est en ordre, ajouta-t-il en ouvrant sa boîte à sandwichs d'un air concentré pour signifier la fin de leur entretien.

Le pasteur ne remarqua pas le signe. Elle répondit que cela ne l'importunait absolument pas. Au contraire, elle serait ravie de se rendre utile, beaucoup ou un peu, en rendant son existence plus tolérable. Peut-être une intercession personnelle l'intéresserait…

Une intercession ? Per Persson se demanda ce que s'imaginait ce pasteur tout crade. Allait-elle faire pleuvoir de l'argent ? Ou du pain et des pommes de terre ? Mais après tout… il serait mal avisé de rejeter quelqu'un qui ne lui voulait que du bien.

— Si madame le pasteur pense qu'une prière adressée aux cieux peut me faciliter la vie, alors je ne suis pas homme à m'y opposer. Merci.

Avec un sourire, la femme d'Église s'assit sur le banc

à côté du réceptionniste en congé dominical. Puis elle se mit au travail.

— Mon Dieu, vois ton enfant… Comment vous appelez-vous ?

— Je m'appelle Per, répondit Per Persson en se demandant ce que le Seigneur ferait de ce renseignement.

— Mon Dieu, vois ton enfant Per, vois comme il souffre…

— Je ne dirais pas exactement que je souffre.

Le pasteur s'arrêta net et annonça qu'elle ferait mieux de recommencer depuis le début et que la prière serait plus efficace si elle n'était pas interrompue à tout bout de champ.

Per Persson présenta ses excuses et promit de la laisser intercéder en paix.

— Merci, dit le pasteur avant de reprendre : Mon Dieu, vois ton enfant, vois comme il trouve que les choses pourraient aller mieux même s'il ne souffre pas exactement. Seigneur, donne-lui la sécurité, apprends-lui à aimer le monde, et le monde l'aimera. Ô Jésus, porte ta croix à son côté, que ton règne vienne et ainsi de suite.

Et ainsi de suite ? s'étonna in petto Per Persson.

— Dieu te bénisse, mon fils, qu'il te donne force, vigueur et… force. Au nom du Père, du Fils et du Saint-Esprit. Amen.

Per Persson ne savait pas comment se déroulait une intercession personnelle, mais ce qu'il venait d'entendre lui paraissait plutôt bâclé. Il allait d'ailleurs en faire la remarque quand le pasteur le devança :

— Ça fera vingt couronnes.

— Vingt couronnes ? Pour ça ? !

La femme pasteur hocha la tête. Une intercession, cela n'avait rien d'une simple récitation. Cela exigeait de la concentration et de la dévotion, et donc des forces. En outre, elle aussi devait vivre sur Terre avant de s'en retourner au ciel.

Ce à quoi Per Persson avait assisté n'avait semblé ni concentré ni dévoué, et il rétorqua qu'il était loin d'être sûr que le pasteur irait au ciel quand son heure serait venue...

— Dix couronnes alors ? proposa le pasteur.

Per Persson observa son intercesseur avec un peu plus d'attention et découvrit quelque chose de différent. De... misérable, peut-être ?

Il décida alors qu'elle était une compagne d'infortune plutôt qu'un charlatan.

— Voudriez-vous un sandwich ?

Le visage de la femme d'Église s'éclaira.

— Oh merci, avec joie. Dieu vous bénisse !

Per Persson rétorqua qu'à peu près toute son histoire personnelle indiquait que Dieu avait mieux à faire que de le bénir. Et que la nouvelle prière ne changerait sans doute rien du tout.

Le pasteur sembla sur le point de protester, mais le réceptionniste se dépêcha de lui tendre la boîte de sandwichs.

— Tenez. Mangeons en silence.

— Le Seigneur fait cheminer les humbles vers la justice, il enseigne aux humbles son chemin. Psaumes 25, dit le pasteur, la bouche pleine de pain.

— Amen, répondit Per Persson.

Elle était véritablement pasteur. Tout en mâchant les sandwichs au jambon, elle lui raconta qu'elle avait eu sa propre paroisse jusqu'au dimanche précédent, quand, en plein prêche, elle avait été sommée de descendre de la chaire et de plier bagage sans demander son reste.

Per Persson trouvait cela horrible. Les cieux n'avaient-ils jamais entendu parler de la protection de l'emploi ?

Si, bien sûr, mais le président du conseil presbytéral considérait qu'il avait de bonnes raisons. La paroisse tout entière s'était rangée à son avis. Y compris, d'ailleurs, elle-même. Au moins deux membres de la congrégation lui avaient lancé des psautiers tandis qu'elle s'enfuyait.

— Comme vous vous en doutez, c'est la version courte. Ça vous dit d'entendre la plus longue ? Ma vie n'a pas été toute rose, je vous le dis.

Per Persson réfléchit. Avait-il envie de savoir quelles avaient été les autres couleurs, ou son propre lot de malheurs lui suffisait-il ?

— Je ne suis pas sûr que ma vie sera plus reluisante après avoir écouté l'histoire de quelqu'un vivant dans les mêmes ténèbres que moi, déclara-t-il. Mais vous pouvez en esquisser les grandes lignes.

Les grandes lignes ? Elle avait erré pendant sept jours, du dimanche au dimanche, dormant dans des sous-sols, Dieu seul savait où, mangeant ce qui lui tombait sous la main...

— Comme mes quatre sandwichs au jambon, lança Per Persson. Voulez-vous faire descendre le tout avec le reste de mon jus de framboise ?

Le pasteur ne refusa point. Quand elle eut étanché sa soif, elle déclara :

— En un mot, je ne crois pas en Dieu. Encore moins au Christ. C'est mon père qui m'a obligée à suivre ses traces – les siennes, pas celles du Christ – quand, pour son plus grand malheur, il a compris qu'il n'aurait pas de garçons. Mon père avait également été forcé par mon grand-père. Peut-être étaient-ils tous deux des envoyés du diable, c'est difficile à dire. En tout cas, le pastorat est une affaire de famille.

Per Persson compatit immédiatement avec son interlocutrice, victime comme lui d'un père et d'un grand-père. Il déclara que si les enfants n'avaient pas à pâtir de toutes les bévues des générations précédentes, ils pourraient peut-être mettre de l'ordre dans leur vie.

Le pasteur s'abstint de lui faire remarquer que sans les générations précédentes, ils n'auraient pas vu le jour. À la place, elle demanda ce qui l'avait conduit jusqu'à ce banc public.

— À ce banc public et à cette triste réception d'hôtel où je vis et travaille. Et qui m'a conduit à offrir une bière à Dédé le Meurtrier.

— Dédé le Meurtrier ? répéta le pasteur.

— Oui. Il occupe la sept.

Per Persson décida qu'après tout il pouvait consacrer quelques minutes à la femme pasteur qui s'intéressait à son sort. Il raconta donc les mésaventures de son grand-père, qui avait dilapidé ses millions. Celles de son père, qui avait baissé les bras. Celles de sa mère, qui avait mis le grappin sur un banquier islandais et quitté le pays. Les siennes : il avait atterri dans un bordel à seize ans, et il bossait maintenant à l'hôtel qui avait remplacé la maison de passe.

— Et à peine ai-je vingt minutes de libre pour m'asseoir sur un banc, à distance sûre de tous les brigands et bandits dont je dois m'occuper à mon boulot, que débarque un pasteur qui ne croit pas en Dieu, qui essaie de m'extorquer mes dernières pièces et qui engloutit mon repas. Vous connaissez à présent l'histoire de ma vie, pour autant que l'ancienne maison de passe ne se soit pas transformée en hôtel cinq étoiles grâce à votre intercession.

La femme pasteur crado, des miettes de pain au coin des lèvres, prit un air honteux. Elle répondit qu'il était peu probable que l'intercession ait un résultat si rapide, d'autant qu'elle avait été bâclée et que le destinataire n'existait pas. Et puis elle regrettait d'avoir demandé à être rémunérée pour ce mauvais travail, – les quatre sandwichs généreusement offerts y étaient d'ailleurs pour quelque chose.

— Dites-m'en plus sur cet hôtel. Y aurait-il par hasard une chambre à un prix... d'ami ?

— Un prix d'ami ? répéta Per Persson. Quand exactement sommes-nous devenus amis, vous et moi ?

— Ma foi, dit le pasteur, il n'est jamais trop tard.

3

Le pasteur reçut la chambre huit, adjacente à celle de Dédé le Meurtrier. Mais contrairement à ce dernier, à qui Per Persson n'avait jamais osé réclamer de paiement, il demanda à la nouvelle cliente de régler une semaine d'avance. Au tarif normal.

— D'avance ? Mais ce sont mes dernières économies !

— Raison de plus pour s'assurer que l'argent ne s'égare pas. Je pourrais me fendre gratuitement d'une intercession en votre nom et peut-être que les choses s'arrangeront.

À cet instant, un homme affublé d'une veste en cuir, de lunettes de soleil et d'une barbe de trois jours fit son entrée. Une caricature de gangster, ce qu'il était probablement. Sans dire bonjour, l'étranger demanda où il pouvait trouver Johan Andersson.

Bombant le torse, le réceptionniste déclara qu'il n'était pas donné à tout un chacun de savoir qui logeait ou non à La-Pointe-de-Terre. Ici, on mettait un point d'honneur à protéger la vie privée de la clientèle.

— Réponds à ma question avant que je te coupe les couilles, répliqua l'homme à la veste de cuir. Il est où, Dédé le Meurtrier ?

— Chambre sept.

Le personnage menaçant disparut dans le couloir. Le suivant du regard, la femme pasteur demanda si les ennuis pointaient à l'horizon. Per Persson pensait-il qu'elle pouvait intervenir de quelque manière qui soit en sa qualité de pasteur ?

Per Persson ne pensait rien du tout, mais avant qu'il ait eu le temps de le lui signifier, le visiteur en veste de cuir était de retour.

— Le bonhomme est cuité sur son lit. Je le connais, vaut mieux qu'il y reste pour le moment. Donne-lui cette enveloppe quand il se réveillera. De la part du comte.

— C'est tout ? demanda Per Persson.

— Oui. Non, dis-lui qu'il n'y a que cinq mille couronnes au lieu des dix mille, parce qu'il a fait que la moitié du boulot.

Le type à la veste de cuir tourna les talons. Cinq mille couronnes ? Qui auraient dû être au nombre de dix mille ? Et voilà que le réceptionniste avait reçu la mission d'expliquer le pourquoi de la somme manquante à l'homme le plus dangereux de Suède. À moins qu'il délègue la tâche au pasteur qui venait de proposer ses services.

— Alors, Dédé le Meurtrier existe vraiment ? Ce n'est pas une invention ?

— Une âme égarée, dit le réceptionniste. Très égarée, même.

La nouvelle cliente demanda si cette âme était égarée au point qu'un pasteur et un réceptionniste aient le droit moral de lui emprunter en douce un billet de mille couronnes pour aller se remplir la panse dans un établissement sympathique du coin.

Per Persson demanda quel genre de guide spirituel elle était pour proposer une chose pareille. Il admit néanmoins que l'idée était séduisante. Mais il ne fallait pas oublier que Dédé le Meurtrier portait ce nom pour une bonne raison. Trois, même : une hache dans un dos, une décharge de chevrotine en plein visage et une gorge tranchée.

La question de savoir s'il était raisonnable de subtiliser de l'argent à un criminel fut réglée, car ledit criminel approchait d'une démarche mal assurée, les cheveux en bataille.

— J'ai soif, annonça-t-il. J'attends un paiement aujourd'hui, mais avant qu'il arrive, j'ai rien pour acheter de la bière. Ou à manger. Tu me prêtes deux cents couronnes de la caisse ?

La question était purement rhétorique. Dédé comptait sur deux billets de cent couronnes immédiatement.

Le pasteur fit un petit pas en avant.

— Je vous souhaite le bonjour. Je m'appelle Johanna Kjellander et je suis ancien ministre du culte, à présent simple pasteur sans paroisse.

— Les pasteurs, ça raconte que des conneries, répliqua Dédé le Meurtrier sans lui accorder un regard.

Décidément, la conversation n'était pas son fort. Il s'adressa de nouveau au réceptionniste.

— Tu me files du fric, ou quoi ?

— Je ne peux qu'être en désaccord avec vous, dit Johanna Kjellander. Bien sûr, il existe quelques charlatans dans notre profession, d'ailleurs j'en suis malheureusement un. Nous pourrions en parler à une autre occasion, peut-être. Pour l'instant, je vous informe qu'une enveloppe contenant cinq mille couronnes a été apportée pour vous par un comte.

— Cinq mille ? répéta Dédé. Qu'est-ce que t'as fait du restant, pasteur de mes deux ?

Le meurtrier fraîchement réveillé et toujours aviné foudroya Johanna Kjellander du regard. Per Persson, qui ne souhaitait pas assister à un pastoricide, s'interposa vite et déclara que le comte les avait chargés de dire qu'il ne payait qu'une partie de l'argent parce que le boulot n'avait été effectué qu'à moitié. Le pasteur ici présent et lui-même n'étaient que des messagers innocents, il espérait que Dédé le Meurtrier le comprendrait...

Johanna Kjellander reprit la parole. L'injure « pasteur de mes deux » l'avait piquée au vif.

— Vous devriez avoir honte ! lança-t-elle avec une telle assurance que Dédé le Meurtrier faillit lui présenter des excuses.

Elle ajouta qu'il devait bien savoir que le récep-

33

tionniste et elle-même n'auraient jamais l'idée de lui dérober le fruit de son travail.

— En revanche, nous sommes un peu juste, c'est vrai. Et puisque la conversation a pris cette tournure, envisageriez-vous de nous prêter l'un de ces cinq beaux billets de mille couronnes pour la journée ? Ou plus exactement, la semaine ?

Per Persson resta bouche bée. Johanna avait d'abord voulu soustraire un peu de l'argent de Dédé le Meurtrier à son insu. Puis elle faisait rougir de honte le criminel lorsqu'il l'accusait de l'avoir volé. Et voilà qu'elle se mettait à négocier un prêt ! N'avait-elle pas le moindre instinct de survie ? Ne comprenait-elle pas qu'elle les mettait tous deux en danger de mort ? Maudite femme ! Peut-être ferait-il mieux de lui coller une baffe avant que le bien nommé meurtrier ne prenne des mesures plus définitives. D'abord, essayer d'apaiser la tempête qu'elle venait de provoquer.

Dédé s'était laissé tomber sur une chaise, déboussolé par la demande de Johanna, qu'il soupçonnait d'avoir escamoté la moitié de la somme qui lui était due et de vouloir emprunter ce qu'elle n'avait pas eu le temps de subtiliser.

— Si je comprends bien, vous vous sentez floué de cinq mille couronnes, c'est bien ça ? résuma Per Persson en prenant un ton de banquier.

Dédé le Meurtrier hocha la tête.

— Je tiens à répéter que ni moi ni ce pasteur, sans doute le plus bizarre de Suède, n'avons pris votre argent. Mais si je peux faire quelque chose – quoi que ce soit – pour vous être utile, n'hésitez pas à le dire !

« Si je peux faire quelque chose… » est une phrase souvent employée dans le secteur des services et qui n'a pas forcément de sens. Mais Dédé le Meurtrier le prit au mot :

— Oui, merci, dit-il d'une voix lasse. Récupérez mes cinq mille couronnes, s'il vous plaît. Comme ça, je n'aurai pas à vous casser la figure.

Per Persson n'avait pas la moindre envie de partir à la recherche du comte qui, souvenons-nous, l'avait menacé plus tôt de s'occuper de ses bijoux de famille. Revoir le personnage serait déjà bien assez déplaisant. Quant à lui réclamer de l'argent…

Le réceptionniste passa de l'inquiétude à l'angoisse quand il entendit Johanna Kjellander déclarer :

— Bien sûr !

— Bien sûr ? répéta-t-il, terrifié.

— Super ! lança Dédé le Meurtrier, qui venait d'entendre deux « bien sûr » de suite.

— Oui, bien sûr, Dédé le Meurtrier recevra notre aide, poursuivit le pasteur. Nous autres à La-Pointe-de-Terre sommes à votre service et disposés en tout point, en échange d'un dédommagement correct, à rendre la vie plus facile aux meurtriers comme aux bandits. Le Seigneur ne fait pas de distinction entre ses enfants. Ou peut-être que si, mais ne nous dispersons pas : pour commencer, pourrions-nous en savoir plus sur le « boulot » en question et pourquoi il a été jugé mal fait ?

À cet instant précis, Per Persson souhaita être à mille lieues de là. Il venait d'entendre Johanna Kjellander dire « Nous autres à La-Pointe-de-Terre » alors qu'elle n'avait pas versé la moindre couronne pour sa chambre, ce qui ne l'empêchait pas d'engager des négociations financières avec un meurtrier, au nom de l'hôtel !

Per prit la décision de détester cette nouvelle cliente jusqu'à la moelle. Planté dos au mur à côté du frigo de la réception, il fit en sorte d'être aussi insignifiant que possible. Nul besoin de régler son compte à qui ne suscite aucun intérêt…

Dédé le Meurtrier était assez confus, lui aussi. Johanna avait prononcé tant de mots en si peu de temps qu'il n'avait pas bien suivi (sans compter qu'elle était pasteur, ce qui ajoutait à la confusion).

Elle semblait proposer une collaboration. En général, ce genre de proposition connaissait un épilogue malheureux, mais pourquoi ne pas l'écouter ? Après tout, rien n'obligeait à débuter un dialogue par un passage à tabac – cette activité se révélait plutôt préférable pour la fin.

Dédé le Meurtrier raconta en quoi consistait le travail effectué. Il rassura ses interlocuteurs : il n'avait ôté la vie de personne.

— Certes, tuer à moitié semble difficile, commenta la jeune femme.

Dédé précisa qu'il avait décidé d'abandonner le

meurtre, car le prix à payer en serait trop élevé : au moindre faux pas, il ne serait pas remis en liberté avant ses quatre-vingts ans.

N'empêche. À peine sorti de prison, il avait été sollicité de tous côtés. La plupart des propositions émanaient de personnes qui, en échange d'une très généreuse rémunération, voulaient voir des ennemis ou connaissances mis hors circuit… Précisément l'activité qu'il avait décidé d'abandonner et que, d'ailleurs, il n'avait jamais souhaité pratiquer. Il s'agissait juste d'un malheureux concours de circonstances.

En plus de ces demandes, il y avait de temps à autre une mission un peu plus tempérée, comme la dernière : casser les deux bras d'un homme qui avait acheté une voiture au comte mais avait préféré perdre le même soir la somme due au black-jack.

Johanna ne savait pas ce qu'était le black-jack. Dans ses deux anciennes paroisses, pour se divertir après la grand-messe, on pratiquait de temps à autre le mikado.

— Il est parti avec la voiture sans payer ? s'enquit-elle.

Dédé entreprit alors d'expliquer les aspects légaux des cercles les plus illégaux de Stockholm. Pour acheter une voiture au comte, en l'occurrence une Saab de neuf ans, payer à crédit n'était pas un problème. Les ennuis ne commençaient que si l'argent n'arrivait pas à la date butoir. Et dans ce cas, ce n'était pas le comte qui s'en mordait les doigts, mais bien son débiteur.

— Des ennuis, genre un bras cassé ?

— Ou deux, dans le cas présent. La voiture aurait été plus récente, les tibias et la figure auraient sans doute fait partie de la commande.

— Que s'est-il passé ? Tu as mal compté ?

— J'ai fauché un vélo et je suis allé chez le voleur avec une batte de brännboll sur le porte-bagages. Quand je lui ai mis la main dessus, il avait une petite fille de quelques semaines sur un bras et il a demandé grâce ou je ne sais quoi. Vu qu'au fond j'ai bon cœur, c'est ce que disait toujours ma mère, je lui ai cassé son bras libre à deux endroits pour faire bonne mesure. Et d'abord je l'ai laissé poser la gamine, pour qu'elle ne se fasse pas mal si jamais il se ramassait pendant que je faisais le boulot. C'est d'ailleurs ce qui s'est passé. Je sais bien me servir d'une batte. Maintenant que j'y pense, j'aurais pu lui péter l'autre bras pendant qu'il était par terre en train de chouiner. J'ai pas toujours l'esprit aussi rapide que je voudrais. Et quand la gnôle et les médocs sont de la partie, je dois avoir les neurones paralysés. Je ne me souviens pas bien.

Un détail avait interpellé Johanna :

— Elle disait vraiment ça, votre mère ? Qu'au fond vous avez bon cœur ?

Per Persson se posait la même question mais s'en tint à sa stratégie : se fondre autant que possible dans le décor et sans moufter.

— Oui, dit Dédé le Meurtrier. Mais c'était avant que je lui fasse sauter toutes les dents juste après que mon père s'est soûlé à mort. Ensuite, elle disait plus grand-chose, du moins rien de compréhensible. Quelle vieille abrutie, celle-là ! Merde, alors !

Johanna avait quelques suggestions pour résoudre les conflits familiaux sans casser de dents, mais chaque chose en son temps. Pour l'instant, elle résuma les informations données par Dédé pour s'assurer qu'elle avait bien compris.

Son dernier client s'était octroyé une réduction de cinquante pour cent parce que Dédé avait cassé un bras à deux endroits différents au lieu de deux bras ?

Dédé hocha la tête. Enfin, si par cinquante pour cent elle voulait dire moitié prix.

Oui, c'était ce qu'elle voulait dire. Elle ajouta que ce comte semblait de tempérament chatouilleux. Mais qu'importe. Elle était prête à l'aider, tout comme le réceptionniste.

Ce dernier n'étant pas disposé à la contredire, Johanna Kjellander poursuivit :

— En échange de vingt pour cent de commission, nous rendons visite au dénommé comte afin de le faire changer d'avis. Et ce n'est que le début. C'est dans sa deuxième phase que notre collaboration sera vraiment intéressante !

Dédé tentait d'assimiler ces propos. Il y avait beaucoup de mots et un drôle de pourcentage. Il n'eut pas le temps de demander plus d'explications, Johanna était lancée.

La deuxième phase prévoyait que la petite entreprise de Dédé le Meurtrier se développerait sous la direction conjointe du réceptionniste et du pasteur. Un travail de com discret pour élargir le cercle des clients, une liste des tarifs pour éviter de perdre du temps avec ceux qui n'avaient pas les moyens de payer, et une éthique claire.

Johanna s'aperçut que le réceptionniste était devenu aussi livide que le mur avec lequel il semblait vouloir ne faire qu'un, et que Dédé avait perdu le fil. Elle décida de faire une pause pour que le premier puisse renouveler son stock d'oxygène et que le second ne soit pas pris de la subite envie de se mettre à distribuer quelques coups pour mieux comprendre.

— Pendant qu'on y est, je voudrais louer votre bon cœur, lança-t-elle. La petite fille s'en est sortie sans la moindre égratignure. Le royaume des cieux appartient aux enfants, dit l'évangile de Matthieu, dix-neuvième chapitre.

— Ah bon ? C'est vrai ? s'étonna Dédé, oubliant qu'un dixième de seconde plus tôt il avait décidé de casser la figure au moins à celui qui n'avait pas prononcé un mot.

La femme pasteur acquiesça d'un air pieux, omettant de l'informer que, quelques lignes plus loin, le même évangile dicte de ne pas tuer, d'aimer son prochain comme soi-même et – tant qu'on en est à parler de dents cassées – d'honorer sa mère et, par la même occasion, son père.

La colère apparue sur le visage de Dédé le Meurtrier s'apaisa. S'en apercevant, Per Persson osa enfin croire à une vie après celle-ci (en gros, que Johanna Kjellander et lui survivraient tous deux à la conversation actuelle avec le client de la chambre sept). Le réceptionniste retrouva son souffle ainsi que l'usage de la parole, et il expliqua à Dédé en termes simples ce que signifiait vingt pour cent de quelque chose. Le meurtrier s'excusa : s'il était devenu un pro du calcul quand il s'agissait d'additionner les années passées en taule, les pourcentages quant à eux n'étaient pas sa tasse de thé. Il savait tout de même que l'eau-de-vie chiffrait à quarante pour cent environ et que cela allait parfois bien au-delà dans le cas d'alcools produits par divers distillateurs peu scrupuleux. Au cours des précédentes enquêtes policières, il avait été établi qu'il avait fait passer ses médocs à l'aide d'alcool à trente-huit pour cent issu du commerce et d'une gnôle maison à soixante-dix pour cent. Certes, il ne fallait pas trop se fier aux enquêtes de police, mais si les flics avaient raison, alors il n'y avait rien d'étonnant à la façon dont les événements avaient tourné, avec cent huit pour cent d'alcool dans le sang et les comprimés en plus.

Encouragée par l'ambiance qui devenait bon enfant, Johanna Kjellander promit que le chiffre d'affaires de Dédé le Meurtrier serait vite multiplié par deux – au minimum –, à la condition que le réceptionniste et elle-même aient carte blanche pour agir comme ses représentants.

Au même moment, Per Persson sortit à point nommé deux bières du réfrigérateur. Dédé le Meurtrier vida la première et entama la seconde, estimant qu'il avait compris une partie suffisante de ce qu'on lui avait expliqué.

— Alors, merde, oui, on fait comme ça.

Sur ce, il siffla sa bouteille en quelques gorgées rapides, rota, s'excusa et tendit nonchalamment deux des cinq billets de mille couronnes présents avec un « on a dit vingt pour cent ! ».

Il fourra les trois billets restants dans la poche de sa chemise, annonça qu'il était l'heure d'aller prendre le petit déjeuner et le déjeuner à son bistrot préféré au coin de la rue, et qu'il n'avait plus le temps de parler affaires.

— Bonne chance avec le comte ! lança-t-il depuis le seuil avant de disparaître.

4

Celui qu'on appelait le comte ne figurait pas dans l'annuaire de la noblesse. Ni nulle part ailleurs, en fait. Il devait près de sept cent mille couronnes au Trésor public. L'administration l'avait rappelé maintes fois dans différents courriers envoyés à la dernière adresse du comte : Mabini Street, Manille, capitale des Philippines. Elle ne reçut jamais d'argent en retour. Bien sûr, l'adresse était bidon ; les lettres d'avertissement atterrissaient chez un pêcheur qui les utilisait pour emballer les crevettes tigrées et les calmars. Le comte habitait en réalité à Stockholm, chez sa copine, qu'on appelait la comtesse, une revendeuse haut placée de narcotiques divers. Sous le nom de cette dernière, il dirigeait cinq entreprises de vente de voitures d'occasion dans les faubourgs sud de la capitale.

Il travaillait déjà dans ce secteur à l'ère analogique, celle où démonter et remonter une voiture relevait de la clé à molette et non d'un diplôme d'ingénieur en informatique.

Il avait mieux réussi que d'autres la transition vers le numérique. Ensuite, le comte et le Trésor public tombèrent en désaccord financier – pour la joie mêlée d'agacement d'un diligent pêcheur philippin qui ne lisait pas le suédois.

Le comte faisait partie de ceux qui voyaient dans le changement des possibilités plutôt qu'une menace. En Europe et dans le reste du monde, on construisait des voitures qui pouvaient coûter un million de couronnes à la vente et cinquante dollars seulement au vol : il suffisait d'utiliser du matériel électronique et de suivre les instructions en cinq étapes trouvées sur Internet. La spécialité du comte était la localisation des BMW X5 immatriculées en Suède. Il demandait ensuite à son associé à Gdansk de lui envoyer deux types pour rapporter les véhicules en Pologne, leur fournir une nouvelle virginité, puis de les réimporter.

Bénéfice net par voiture : deux cent cinquante mille couronnes. Mais BMW s'était réveillé et avait installé un émetteur GPS sur chaque véhicule de luxe, neuf ou d'occasion, sans aucun fair-play : le constructeur allemand ne l'avait même pas signalé aux voleurs. Un jour, la police débarqua dans un entrepôt intermédiaire à Ängelholm et cueillit les voitures et les Polonais.

Le comte en réchappa. Non parce qu'il vivait soi-disant à Manille, mais parce que les Polonais sous les verrous aimaient beaucoup trop la vie pour jouer les balances.

Il avait reçu son surnom des années auparavant en raison de l'élégante façon avec laquelle il menaçait les clients réfractaires. Il prononçait des phrases du style : « J'apprécierais énormément que M. Hansson daigne régler ses comptes dans un délai de vingt-quatre heures, auquel cas je promets de ne pas le découper en mille morceaux. » Hansson, ou quel que fut le nom du client, payait alors sans plus rechigner. Personne ne voulait être découpé en morceaux, peu importe leur nombre. Deux, c'était déjà un de trop.

Avec le temps, le comte (aidé par la comtesse) avait développé des manières plus vulgaires. C'était ce qui tourmentait le réceptionniste. Néanmoins, le titre de noblesse était resté.

Per Persson et Johanna Kjellander se mirent en route pour réclamer au fameux comte les cinq mille couronnes au nom de Dédé le Meurtrier. S'ils réussissaient, ils auraient une source de revenus garantie par le locataire de la chambre sept. S'ils échouaient… Non, ils ne pouvaient pas se permettre d'échouer.

Selon Johanna, il fallait tenir tête au comte. La gentillesse ne servait à rien dans ce milieu.

Per Persson protesta encore et encore. Il était un réceptionniste avec un certain talent pour les feuilles de calcul et l'organisation, pas un oppresseur. Si, malgré tout, il devait en devenir un, il ne voulait surtout pas commencer par l'un des caïds du trafic de voitures de la capitale. D'ailleurs, qu'est-ce que le pasteur savait de ce milieu ? Comment pouvait-elle être sûre qu'un ou deux câlins ne constituaient pas une bonne stratégie ?

Un câlin ? Même un enfant de cinq ans leur dirait qu'ils n'arriveraient à rien s'ils allaient chez le comte pour s'excuser d'être nés.

— Laissez-moi m'occuper du prêche et tout ira bien, ordonna Johanna lorsqu'ils arrivèrent devant l'officine du comte ouverte le dimanche comme à l'habitude. Et pas de câlins à qui que ce soit !

Per Persson se dit qu'il avait été seul à être menacé de castration, toutefois il se résigna. La téméraire Johanna se comportait comme si le Christ était auprès d'elle, et non pas un réceptionniste. Per Persson aurait bien voulu savoir ce qu'elle entendait concrètement par « tenir tête », mais il était trop tard pour demander.

Le comte leva le nez de son bureau en entendant la clochette de la porte. Il vit entrer deux personnes qui lui parurent familières. En tout cas, elles ne venaient pas du Trésor public, ça se voyait au col de la femme.

— Je vous souhaite de nouveau le bonjour, monsieur le comte. Mon nom est Johanna Kjellander, je suis pasteur au sein de l'Église de Suède, récemment encore ministre d'une paroisse que nous pouvons exclure de la conversation. L'homme à côté de moi, mon ami et collègue de longue date…

À cet instant, Johanna Kjellander s'aperçut qu'elle avait oublié le nom du réceptionniste. Généreux au parc, un peu plus avare sur la question du prix de la chambre, plutôt passif quand il avait fallu affronter verbalement Dédé le Meurtrier, mais tout de même assez courageux pour l'accompagner dans cette mission. Il avait certes décliné son identité quand elle avait essayé de lui facturer vingt couronnes pour son intercession, mais tout était allé si vite...

— Mon ami et collègue de longue date... Bien sûr, il a aussi un nom, comme tout le monde...

— Per Persson, se présenta Per Persson.

— Amen, reprit Johanna Kjellander. Nous sommes venus vous trouver en la qualité de représentants de...

— Ce n'est pas à vous deux que j'ai confié une enveloppe de cinq mille couronnes il y a quelques heures, à La-Pointe-de-Terre ?

Le comte était sûr de lui. On ne croisait tout de même pas tant de femmes pasteurs avec un col cradingue dans la région sud de Stockholm. Du moins pas en si peu de temps.

— C'est exactement ça, répondit cette dernière. Mais il en manque cinq mille. Notre client, Johan Andersson, nous a priés de venir les chercher. Il vous fait dire que cette conclusion vaudrait mieux pour tout le monde. Sinon, dixit M. Andersson, vous perdriez la vie d'une façon très désagréable, ce qui aurait pour fâcheuse conséquence que lui-même serait envoyé derrière les barreaux pour vingt ans. Comme le disent les Écritures : « La justice mène à la vie, mais qui poursuit le mal court à la mort. » Proverbes 11.19.

Le comte réfléchit. Ces deux hurluberlus le menaçaient, ici même ? Ce pasteur mériterait qu'on l'étrangle avec son satané col ! D'un autre côté, l'idiot utile qu'était Dédé deviendrait un simple idiot. Il serait contraint de supprimer le meurtrier avant que celui-ci ne le supprime, ce qui signifiait que son casseur de tibias préféré ne serait plus disponible. Il se fichait comme d'une guigne de ce que disait la Bible.

— Hum, éluda-t-il.

Le pasteur, qui voulait laisser la porte ouverte aux négociations, alignait les arguments. En cassant un seul bras mais deux fois, Dédé avait agi en accord avec les principes éthiques établis avec ses agents, c'est-à-dire elle-même et son ami Per Jansson ici présent.

— Per Persson, la corrigea Per Persson.

Selon ces pricipes, il était exclu d'infliger des dommages aux enfants lors de l'exécution d'un travail, et c'est ce qui serait arrivé si Dédé le Meurtrier n'avait pas fait preuve de rapidité d'esprit dans une situation précipitée. Ou, comme le Seigneur le commande dans le deuxième livre des Chroniques 25.4 : « Les pères ne mourront pas pour leurs fils, ni les fils pour leurs pères, mais c'est à cause de son propre péché que chacun mourra. »

Le comte répondit que le pasteur racontait de bonnes blagues. Il demandait à voir comment elle comptait régler le problème actuel, à savoir que l'objet du contrat se baladait à présent au volant de la foutue voiture volée, avec un seul bras dans le plâtre.

— C'est un aspect auquel nous avons beaucoup réfléchi, annonça Johanna Kjellander qui se mit à cogiter à toute vitesse.

— Et ? dit le comte.

— Eh bien, voici ce que nous suggérons, enchaîna le pasteur qui trouva une solution plus vite que l'éclair. Vous versez à Dédé le Meurtrier les cinq mille couronnes que vous lui devez pour le contrat précédent. Bientôt, c'est certain vu le milieu dans lequel vous travaillez, vous aurez de nouveau besoin de ses services. Si nous, les directeurs de l'entreprise, considérons la mission comme digne de lui, ce qui sera certainement le cas, nous nous appuierons sur les tarifs en vigueur et rendrons une petite visite au sujet A. Nous nous assurerons qu'il n'y a aucun bébé à proximité et lui briserons de nouveau les bras. Celui tout juste guéri et celui resté malheureusement intact la fois précédente. Sans aucuns frais supplémentaires !

Étrange, très étrange de négocier avec un pasteur et un… peu importe ce qu'était l'autre. Le comte accepta néanmoins le deal. Il paya cinq mille couronnes, serra la main du pasteur et de son acolyte en promettant de les recontacter quand il aurait besoin de donner une leçon à quiconque, et peu importent qui et pourquoi.

— Et toutes mes excuses à Per Jansson pour l'histoire des couilles, dit-il en guise de salut.

— Il n'y a pas de quoi, répondit Per Persson.

— Fracture pour fracture…, commença Johanna par réflexe religieux, mais elle se mordit la langue avant d'ajouter : « Œil pour œil, dent pour dent », selon le Lévitique 24.

— De quoi ? lança le comte, qui percevait là comme une menace et trouvait que menacer deux fois un

comte en l'espace de quelques minutes était décidément au moins une fois et demie de trop.

— Rien du tout, répondit vivement Per Persson en
prenant sa complice par le bras. Ma petite Johanna
s'est juste égarée dans la Bible. Et puis, le soleil tape.
Allez, viens, ma grande, la sortie est par là.

5

Le pasteur et le réceptionniste parcoururent le chemin du retour en silence, chacun mettant de l'ordre dans ses pensées.

Le réceptionniste flairait la malchance. Ainsi que l'argent. Encore plus de malchance. Et d'argent.

La malchance, il en avait l'habitude. Un peu plus ne changerait pas grand-chose, si ? Mais l'argent en grande quantité, il n'en avait jamais vu que dans les cauchemars où son grand-père lui rendait visite. Il dut consulter le pasteur... Brutaliser des gens contre rémunération ?

Johanna Kjellander réfléchit à une justification valable et, faute de mieux, elle répondit que le Seigneur montre la voie à quiconque le craint.

— Psaumes 25, précisa-t-elle, sans grande conviction.

Le réceptionniste répliqua qu'il n'avait jamais rien entendu de plus stupide et lui suggéra de se servir de sa tête au lieu de débiter des citations bibliques par cœur. Surtout que la propriétaire du cœur en question ne croyait ni en Dieu ni au message divin. En plus, les deux dernières citations étaient complètement hors sujet ! Voulait-elle dire par la seconde qu'ils étaient des envoyés de Dieu censés guider les personnes à la morale douteuse sur le droit chemin par l'entremise de Dédé le Meurtrier ? Pourquoi le Seigneur aurait-il choisi de confier cette organisation à un pasteur impie et à un réceptionniste qui n'avait jamais ressenti la moindre envie d'ouvrir les Saintes Écritures ?

La femme pasteur rétorqua d'un ton un peu froissé que trouver sa voie n'était pas si aisé. Depuis sa naissance et jusqu'à la semaine précédente, elle avait été prisonnière de la tradition familiale. Elle assurait à présent de nouvelles fonctions, imprésario d'une bombe à retardement, mais ne saurait dire si c'était la bonne façon de se venger d'un dieu qui n'existait pas. Elle avancerait par tâtonnements et ses tentatives ne généreraient peut-être que des recettes de l'ordre d'une couronne ou deux. Elle voulait cependant remercier Per Jansson ou Persson pour sa prompte intervention lorsque son pilotage automatique biblique avait débité cette histoire de fracture devant le comte, au moment le moins approprié.

— De rien, répondit le réceptionniste, non sans fierté.

Il ne fit aucun commentaire, mais une chose était sûre : le pasteur et lui avaient beaucoup en commun.

À l'hôtel, Per Persson tendit au pasteur la clé de la chambre huit et déclara qu'ils parleraient plus tard du prix. Ce dimanche avait été riche en événements et il voulait finir sa journée plus tôt.

La femme pasteur le bénit de la façon la plus profane possible.

— Merci. Pour tout ce que vous avez fait aujourd'hui. Nous nous verrons demain, je présume. Je vous souhaite bonne nuit, Per.

Le soir du jour où il avait rencontré un pasteur, un comte et était devenu le conseiller du meurtrier qu'il ne connaissait déjà que trop bien, Per Persson, étendu sur son matelas, fixait le plafond.

Un bras cassé de temps en temps, ce n'était pas si dramatique, surtout si son propriétaire l'avait cherché et que cela enrichissait aussi bien l'exécutant que l'équipe de direction.

La femme pasteur comptait parmi les personnes les plus étranges de sa connaissance. Il avait pourtant croisé nombre de gens bizarres au fil des années passées à La-Pointe-de-Terre, l'hôtel oublié de Dieu. Elle, elle mettait les choses en mouvement, et ce dans une voie économiquement favorable (même si sa prière bâclée au parc lui avait fait perdre vingt couronnes).

Je crois que je vais vous suivre un moment, Johanna Kjellander, songea Per Persson. Oui, je crois bien. Ce que je sens autour de vous, c'est l'argent. Et ça sent bon.

Il éteignit l'ampoule nue qui pendait à côté du matelas et s'assoupit en quelques minutes à peine.

Il dormit comme jamais.

6

L'administration d'une entreprise de châtiments corporels est plus complexe qu'on ne pense. Quatre-vingts pour cent des bénéfices allaient à Dédé le Meurtrier et vingt pour cent au réceptionniste et au pasteur. Mais il y avait des faux frais. Par exemple, il fallait de nouveaux vêtements de travail à Dédé le Meurtrier quand les siens étaient si maculés de sang qu'ils étaient irrécupérables. Impossible d'en faire l'économie.

Il arguait aussi que le prix des bières qu'il buvait avant l'exécution de chaque contrat devait être couvert par les trois associés. Il se disait incapable de casser la figure aux gens en restant sobre.

Le réceptionniste et le pasteur objectèrent qu'infliger une correction à jeun était sûrement possible avec un peu d'entraînement, seulement Dédé n'avait jamais essayé. Ils lui recommandèrent de toute façon de limiter sa consommation quand un passage à tabac était à l'ordre du jour.

Si Dédé le Meurtrier perdit les négociations sur la

Pils, il arriva à convaincre ses partenaires que d'aller au travail en transports en commun n'était pas raisonnable, pas plus que voler un vélo et accrocher la batte de brännboll sur le porte-bagages. Ils décidèrent que l'entreprise couvrirait les frais de déplacement et le réceptionniste négocia un forfait auprès de Taxi-Torsten, un ancien habitué du Club Amore, que les filles à l'époque appelaient Taxi-Obscène. Approchant l'ancien client, Per Personn alla droit au but :

— Combien tu demandes comme chauffeur de maître pour Stockholm et sa banlieue un après-midi ou deux par semaine ?

— Six mille couronnes par course.

— Je t'en offre neuf cents.

— Tope là !

— Et tu la boucles, quoi que tu voies ou entendes.

— Tope là, je te dis !

Le groupe progressait par tâtonnements et tenait chaque lundi une réunion de suivi. La liste de prix fut ajustée en fonction des récits de Dédé sur la pénibilité des différents contrats. Les tarifs variaient aussi en fonction des formules. Par exemple, une jambe droite coûtait quinze mille couronnes, autant qu'un bras gauche, mais le cumul valait quarante mille couronnes. Dédé le Meurtrier avait décrit avec beaucoup de réalisme la façon dont un homme, à qui il venait de casser la jambe droite à coups de batte de brännboll, s'était effondré en se tordant de douleur, compliquant l'accès à son bras gauche. Sans compter les difficultés du criminel à distinguer la gauche de la droite (tout comme le bien du mal).

Ils accordèrent également une grande attention à l'éthique. Le premier et plus important principe moral interdisait de nuire à des enfants, de façon directe ou indirecte, par exemple en obligeant un bambin à assister à la punition de sa mère ou (plus souvent) de son père.

La deuxième règle voulait que, dans la limite du réalisable, les dommages infligés guérissent avec le temps, ce qui signifiait que la personne châtiée ne devait pas boiter pour le restant de ses jours. Cela exigeait notamment beaucoup de délicatesse avec les rotules, difficiles, voire impossibles, à réparer. En revanche, couper un doigt était acceptable. Deux aussi. À chaque main. Mais jamais au-delà.

Neuf fois sur dix, on demandait à Dédé de casser des jambes et des bras avec sa batte de brännboll, mais parfois un client désirait que la punition soit visible sur le visage du pécheur. Sa tâche consistait alors à infliger, à mains nues ou à l'aide d'un coup-de-poing américain, un nombre adéquat de fractures de la mâchoire, du nez et des pommettes, auxquelles il ajoutait volontiers un œil au beurre noir et une arcade ouverte (qui, du reste, se fendait souvent naturellement).

Per Persson et Johanna Kjellander se convainquirent mutuellement que ceux qui recevaient des rossées par leur entremise les méritaient. Chaque client potentiel devait en effet défendre sa cause.

Le seul à qui ils refusèrent leurs services était un héroïnomane libéré depuis peu qui, pendant la thérapie psychodynamique du pénitencier, avait compris que tout était la faute de sa maîtresse de maternelle, maintenant âgée de quatre-vingt-douze ans. Dédé le Meurtrier trouvait l'idée plausible, mais Per Personn et Johanna Kjellander décidèrent que les preuves étaient trop minces.

L'héroïnomane repartit bredouille, d'une démarche lourde. Ironie du sort, la vieille dame mourut deux jours plus tard d'une pneumonie, anéantissant ses rêves de revanche.

Les tâches étaient réparties comme suit : Per Persson, outre la réception, enregistrait les commandes, annonçait le prix et promettait une décision sous vingt-quatre heures. Il convoquait ensuite Johanna et Dédé à une rencontre au sommet. Celui-ci n'y répondait que sporadiquement, mais chacun des contrats fut accepté à au moins deux voix contre zéro.

Après versement du paiement en liquide, le travail était effectué, généralement en quelques jours, mais jamais au-delà d'une semaine. En dehors des quelques occasions où la gauche était devenue la droite et inversement, aucun client n'avait eu à se plaindre de la qualité de la prestation.

— La gauche, c'est le côté où on porte sa montre, tenta d'expliquer le réceptionniste.

— Sa montre ? répéta Dédé qui, depuis son premier meurtre, comptait le temps non pas en heures et minutes, mais en mois et années.

— Ou la main qui tient la fourchette.

— En taule, j'utilisais surtout une cuillère.

7

À La-Pointe-de-Terre, tout serait allé pour le mieux si les affaires n'avaient pas stagné un tantinet. Les excellents états de service de Dédé le Meurtrier ne se répandaient pas assez vite dans le bon milieu.

La seule personne qui ne voyait pas d'inconvénient à ne travailler que quelques heures par semaine était l'exécutant lui-même. Dédé avait peut-être essayé toutes sortes de drogues, mais on ne pouvait pas l'accuser d'être accro au travail.

Le réceptionniste et le pasteur discutèrent longuement de la meilleure manière de promouvoir les compétences de Dédé. Leurs échanges étaient si harmonieux qu'un vendredi soir, sans cérémonie, Johanna suggéra de continuer la conversation dans la chambre du réceptionniste (composée d'une chaise, d'une armoire et d'un matelas à même le sol) avec une bouteille de vin. L'offre était séduisante, mais Per Persson se souvenait trop bien que, lors de leur première rencontre, la jeune femme avait tenté de lui soutirer de l'argent. Il n'avait rien contre ouvrir une bouteille de vin, mais il préférait que la réunion se poursuive là où elle avait commencé et que chacun regagne ensuite ses pénates.

Johanna fut déçue. Elle trouvait au réceptionniste une certaine beauté mêlée d'amertume. Décidément, elle n'aurait jamais dû réclamer un dédommagement pour son intercession au parc. À présent que, à sa propre surprise, elle se languissait d'affection, elle traînait l'épisode comme une casserole. Ils vidèrent tout de même la bouteille de vin et, peut-être grâce à celle-ci, jugèrent d'un commun accord que la voie médiatique serait un moyen, certes risqué mais efficace, d'atteindre leur but. Ils décidèrent que le meurtrier donnerait une interview exclusive dans un média suédois approprié, où son talent insolite pourrait briller.

Le réceptionniste éplucha les quotidiens du matin et du soir, les hebdomadaires et les magazines, regarda différentes émissions sur diverses chaînes télé, écouta la radio et conclut que les résultats seraient meilleurs et plus rapides par le biais d'un des deux tabloïds nationaux. Son choix se porta sur l'*Expressen*, ce nom présageant plus de réactivité qu'*Aftonbladet*.

Pendant ce temps, le pasteur prépara patiemment Dédé le Meurtrier pour l'interview à venir. Elle le gava d'informations sur le message qu'ils voulaient diffuser, ce qu'il devait dire et ce qu'il devait à tout prix passer sous silence. En bref, l'article devait laisser transparaître que Dédé était :

1) à vendre,

2) dangereux,

3) fou.

— Dangereux et fou… Je crois que je m'en sortirai, dit Dédé le Meurtrier d'un ton mal assuré.

— Je sais que tu en es capable, l'encouragea Johanna.

Leurs préparations achevées, le réceptionniste contacta la rédactrice en chef de l'*Expressen* afin de lui proposer une interview exclusive avec le tueur en série Johan Andersson, plus connu sous le nom de Dédé le Meurtrier.

La rédactrice en chef n'avait jamais entendu parler du personnage auparavant, mais elle reconnaissait un bon sujet quand elle en tenait un.

Per Persson expliqua que Johan Andersson avait passé toute sa vie d'adulte en prison pour une succession de meurtres. Le décrire comme un tueur en série était peut-être osé, mais Per Persson se refusait à songer au nombre de cadavres que Dédé avait dans son placard, en plus de ceux qui l'avaient envoyé derrière les barreaux.

À nouveau en liberté, la machine à tuer faisait savoir, via son ami Per Persson, qu'il aimerait rencontrer un journaliste de l'*Expressen* pour raconter qu'il s'était repenti. Ou pas.

— Ah bon ? s'étonna la rédactrice en chef.

La rédaction ne mit que quelques minutes à exhumer le passé sanglant de Johan Andersson. Son surnom n'étant jamais apparu dans les médias, le réceptionniste avait par précaution préparé une argumentation exhaustive sur l'origine de ce sobriquet, qui lui avait été attribué lors de son dernier séjour en prison. L'*Expressen* décida toutefois que s'appeler Dédé le Meurtrier était parfaitement normal. C'était merveilleux ! Le journal avait mis le grappin sur un tueur en série. Quel scoop ! Encore mieux qu'un fait divers estival quelconque !

Le reporter et le photographe se présentèrent dès le lendemain à la réception de La-Pointe-de-Terre, astiquée pour l'occasion. Les amis de Dédé le Meurtrier entraînèrent le reporter à l'écart pour lui demander de ne pas les mentionner dans l'article, car cela pourrait mettre leur vie en danger.

Nerveux, le jeune reporter réfléchit un court instant. Le tabloïd n'avait pas pour habitude de se laisser dicter des conditions par une tierce partie. Néanmoins, l'objet de l'interview étant Johan Andersson, laisser les informateurs en dehors de tout ça ne poserait sans doute pas de problème. Le seul ennui, c'était leur requête : le journal devait se contenter de photographies. Pas d'enregistrement sonore ni de Web TV. Le réceptionniste invoqua de nouveau sa sécurité et celle du pasteur, bien que la raison soit moins claire. Le reporter et le photographe firent la grimace et consentirent.

Dédé le Meurtrier relata avec force détails comment il avait pris des vies. Conformément à la stratégie marketing élaborée par ses conseillers, il n'évoqua ni la gnôle ni les médocs, mais énuméra ce qui lui faisait péter les plombs.

— Je déteste les injustices ! lança-t-il, suivant les directives de Johanna.

— C'est le cas de beaucoup de monde, répondit le reporter, toujours nerveux. Pensez-vous à une injustice en particulier ?

Dédé avait préparé sa réponse avec la jeune femme, mais sous son crâne ne restait plus qu'un vide intersidéral. Il aurait peut-être dû prendre une bière de plus au petit déjeuner pour garder la forme. Ou bien en avait-il déjà bu une de trop ?

Dans le second cas, il n'y avait rien à faire, mais dans le premier, le remède était simple. Dédé claqua des doigts et le réceptionniste lui apporta une Pils fraîche. Trente secondes après, la bouteille n'était plus qu'un cadavre.

— Où j'en étais ? fit Dédé le Meurtrier en léchant la mousse sur ses lèvres.

— Nous parlions des injustices, lui rappela le reporter, qui n'avait jamais vu quelqu'un siffler une bière si vite.

— Ah oui, bien sûr. C'était le truc que je détestais, pas vrai ?

— Oui... mais quel genre d'injustice ?

Pendant les répétitions, Johanna Kjellander avait saisi que la comprenette du meurtrier allait et venait à sa guise. En cet instant, elle était visiblement partie en balade.

De fait, Dédé le Meurtrier n'arrivait pas à se rappeler ce qu'il était censé détester. La dernière bière l'avait ragaillardi. Il était à deux doigts d'aimer le monde entier. Mais il ne pouvait pas dire ça. Il devait improviser.

— Ben, je déteste... la pauvreté. Et les sales maladies. C'est toujours les bons qui s'en prennent plein les gencives.

— Ah oui ?

— Oui, les gens bien attrapent le cancer et d'autres merdes. Pas les méchants. Je déteste ça. Et j'ai horreur de ceux qui escroquent les gens normaux.

— À qui pensez-vous ?

Oui, à qui pensait Dédé le Meurtrier ? À quoi ? À cet instant, il pensait surtout qu'il avait un mal fou à se rappeler ce qu'il devait dire. Une bricole en rapport avec les meurtres... Devait-il annoncer qu'il ne tuait plus ? Ou le contraire ?

— Je ne tue plus de gens, s'entendit-il affirmer. Enfin, ça dépend. Les personnes sur ma liste d'ennemis ont intérêt à faire gaffe.

« Ma liste d'ennemis ? » Quelle liste d'ennemis ? Pourvu que le reporter ne demande pas...

— Une liste d'ennemis ? répéta le reporter. Qui y figure ?

Et merde ! Les rouages sous le crâne de Dédé le Meurtrier tournaient à toute vitesse et au ralenti en même temps. Il avait besoin de rassembler ses idées. Que disaient les consignes, déjà ? Il devait sembler... fou et dangereux. Quoi d'autre ?

Le pasteur et le réceptionniste n'adressèrent aucune prière aux puissances supérieures pour que le meurtrier se ressaisisse, vu les mauvaises relations qu'ils entretenaient avec elles. En revanche, ils espérèrent tous deux avec ardeur que Dédé le Meurtrier retomberait sur ses pattes d'une façon ou d'une autre.

Jetant un coup d'œil par-dessus l'épaule du reporter, Dédé aperçut par la fenêtre l'enseigne au néon de l'Agence immobilière suédoise à une centaine de mètres et, juste à côté, une petite agence locale de la Handelsbanken. Il la distinguait à peine depuis la réception de l'hôtel, mais il connaissait son existence. Combien de cigarettes avait-il fumées devant cette banque, attendant le bus qui le conduirait à la misère la plus proche ?

À défaut d'ordre dans les idées, Dédé le Meurtrier s'inspira de ce qu'il voyait.

Une agence immobilière, une banque, un Abribus, des fumeurs...

Il n'avait jamais possédé ni fusil ni revolver, mais il savait faire mouche.

— Qui figure sur ma liste d'ennemis ? Vous êtes

sûr de vouloir le savoir ? demanda-t-il lentement en baissant d'un ton.

Le reporter hocha gravement la tête.

— Les agents immobiliers, j'les aime pas. Les banquiers. Les fumeurs. Les navetteurs…

Il avait énuméré tout ce qu'il avait vu ou deviné par la fenêtre.

— Les navetteurs ? s'étonna le reporter.

— Oui. Vous aussi ?

— Non, je veux dire… Comment pouvez-vous les détester ?

Dédé réussit à incarner son propre rôle et à exploiter ce qu'il venait de dire. Baissant d'un ton supplémentaire, il demanda encore plus lentement :

— Vous aimez les navetteurs ?

À présent, le reporter de l'*Expressen* était terrifié. Il jura ses grands dieux qu'il ne les aimait pas, que sa copine et lui se rendaient au travail à vélo et qu'il ne s'était d'ailleurs jamais posé la question de ses sentiments pour ces gens.

— J'aime pas non plus les cyclistes. Mais les navetteurs sont pires. Les employés des hôpitaux aussi. Les jardiniers.

Dédé le Meurtrier était lancé. Le pasteur préféra interrompre l'entretien avant que le reporter et le photographe comprennent que soit il se payait leur tête, soit il n'avait pas la moindre idée de ce qu'il racontait, soit les deux.

— Je vous prie de nous excuser, mais Dédé le Meurtrier… Pardon, Johan ici présent va prendre un comprimé jaune, un orange et faire un petit dodo. C'est vital pour que rien ne déraille d'ici ce soir.

L'interview ne s'était pas déroulée comme prévu, mais avec un peu de chance leur plan fonctionnerait quand même. Johanna regrettait pourtant que la phrase la plus importante n'ait pas été prononcée, celle qu'elle avait répétée vingt fois avec le meurtrier. Leur offre de services, pour ainsi dire.

C'est alors qu'un miracle se produisit. Eurêka, Dédé recouvra la mémoire ! Le photographe était déjà installé au volant de la voiture du journal et le reporter avait un pied dans l'habitacle quand le meurtrier lança :

— Vous savez où me trouver si vous voulez que je pète les rotules à quelqu'un. Je suis pas cher mais je suis doué.

Les yeux écarquillés, le reporter de l'*Expressen* remercia Dédé, ramena son autre jambe dans le véhicule en se frottant machinalement le genou et claqua la portière avant de lancer au photographe :

— Démarre.

Le lendemain, l'*Expressen* titrait en une :

L'homme le plus dangereux de Suède ?
Interview exclusive
DÉDÉ LE MEURTRIER
« JE VEUX ENCORE TUER »

La citation n'était pas tout à fait fidèle, mais quand les gens sont incapables de s'exprimer avec des mots qui feraient de bons gros titres, les journalistes n'ont d'autre choix que d'écrire ce que l'interviewé a voulu dire au lieu de ce qu'il a dit. C'est ce qu'on appelle le journalisme créatif.

Les lecteurs du tabloïd découvrirent sur quatre pages l'individu répugnant qu'était Dédé le Meurtrier : toutes les horreurs dont il s'était rendu coupable, mais surtout ses probables tendances psychopathiques et son mépris universel des agents immobiliers et du personnel hospitalier, ainsi que des... navetteurs.

« La haine qu'éprouve Dédé le Meurtrier envers de larges groupes de la société semble ne connaître nulle frontière. Personne, non, personne n'est en sécurité. En effet, Dédé le Meurtrier vend ses services. Il a proposé au reporter de l'*Expressen* de fendre les rotules à n'importe qui, contre une rémunération correcte. »

En complément de l'article principal détaillant la rencontre entre l'intrépide reporter et le meurtrier, le journal avait ajouté un entretien avec un psychiatre. Celui-ci soulignait d'une part qu'il ne pouvait s'exprimer qu'en termes généraux, et d'autre part qu'on ne pouvait pas enfermer Dédé le Meurtrier, que la médecine ne considérait pas comme dangereux pour lui-même ou autrui. Oui, il avait commis des crimes, mais les avait expiés au regard de la justice. Et s'exprimer sur les horreurs supplémentaires qu'on envisageait peut-être de commettre n'était pas illégal.

Le journal déduisait des paroles du psychiatre que la société avait les mains liées jusqu'à ce que Dédé le Meurtrier frappe à nouveau, et ce n'était sans doute qu'une question de temps.

Pour couronner le tout, l'une des plumes les plus connues du tabloïd écrivit une chronique bouleversée. Elle commençait ainsi :

« Je suis mère de famille, navetteuse et j'ai peur. »

Après l'article de l'*Expressen*, les demandes d'interviews affluèrent de toutes parts, émanant de Suède, de Scandinavie et d'Europe. Le réceptionniste n'accepta qu'une poignée de journaux étrangers (*Bild-Zeitung*, *Corriere della Sera*, *The Telegraph*, *El Periódico* et *Le Monde*). Les reporters posèrent leurs questions en anglais, espagnol ou français par le truchement d'une Johanna polyglotte qui veillait à restituer ce que Dédé le Meurtrier aurait dû répondre plutôt que ce qu'il débitait. Lui laisser encore une fois la bride sur le cou face à une caméra ou un journaliste qui aurait compris ce qui sortait de sa bouche était impensable. Le trio n'aurait pas de nouveau la chance qu'il avait eue avec l'*Expressen* suédois. En laissant les autres médias scandinaves reprendre les citations du *Monde* par exemple (formulées par le meurtrier, améliorées par le pasteur), les interviews avaient du punch.

— Il n'y a rien à redire à ton talent marketing, dit Johanna Kjellander à Per Persson.

— Sans ton don pour les langues, ça n'aurait jamais marché, la complimenta-t-il en retour.

8

L'homme qu'un pays entier et la moitié d'un continent connaissaient désormais sous le nom de Dédé le Meurtrier se réveillait chaque matin aux alentours de 11 heures. Il s'habillait – si tant est qu'il se soit déshabillé la veille – et longeait le couloir pour prendre son petit déjeuner, des sandwichs au fromage accompagnés de bière offerts par la réception.

Il se reposait ensuite jusqu'à ce que la faim se fasse vraiment sentir, vers 15 heures, puis se rendait au bistrot du coin où il consommait un bon plat suédois traditionnel avec de nouvelles bières.

Ce programme n'était cependant possible que s'il n'avait pas de commandes ce jour-là, fait de plus en plus rare depuis les articles parus dans les journaux. L'entreprise qu'il dirigeait avec le réceptionniste et le pasteur fonctionnait maintenant à plein régime. Dédé opérait le lundi, le mercredi et le vendredi. Il ne voulait pas travailler davantage. Pour dire vrai, il n'était pas plus partant que ça pour faire ces trois journées-là, surtout depuis que les commandes de pétage de rotules avaient surpassé leurs attentes. Après tout, c'était ce qu'il avait proposé dans le journal, et la plupart des clients qui souhaitaient des blessures sérieuses manquaient visiblement d'imagination.

Dédé s'attelait à la tâche juste après son déjeuner suédois et avant de s'imbiber jusqu'à plus soif de bière en soirée. En prenant le taxi, l'affaire était bien souvent pliée en une heure. Il était primordial que Dédé garde le contrôle de son degré d'ébriété. S'il buvait trop avant le boulot, il était incapable de remplir son contrat correctement. Quelques bières de plus et la chose risquait de prendre un tour dramatique. Pas autant, toutefois, que s'il y avait eu gnôle et médocs au menu. Plus jamais de gnôle et de médocs, tel était le mantra du quinquagénaire. La perspective de retourner dix-huit mois en prison passait encore. Mais dix-huit ans, certainement pas !

Pour lancer toute discussion avec leur partenaire, le meilleur moment – le pasteur et le réceptionniste l'avaient compris – était l'intervalle entre le petit déjeuner et le déjeuner, soit entre la gueule de bois carabinée de la veille et l'orgie du jour.

Les entretiens avaient parfois lieu sans préavis, mais le trio tenait aussi des réunions fixées tous les lundis à 11 h 30, dans la petite entrée de l'hôtel, meublée d'une table et de trois chaises. Dédé le Meurtrier répondait présent, s'il n'avait pas échoué dans un quartier inconnu la nuit précédente et avait réussi à rentrer à temps.

Les réunions suivaient toujours le même schéma : le réceptionniste servait une bière à Dédé et une tasse de café au pasteur et à lui-même. La conversation se concentrait sur les dernières commandes effectuées, les prochaines activités, la croissance financière, etc.

Seul bémol, le meurtrier n'arrivait que rarement, malgré tous les conseils, à démêler la gauche de la droite. Johanna lui avait donné de nouveaux trucs : par exemple, pour se saluer, on se serrait la main droite. Mais le meurtrier ne pratiquait pas la poignée de main. Il avait plutôt tendance à lever le coude quand l'ambiance était bonne et, quand elle ne l'était pas, ses deux mains travaillaient de concert.

Johanna eut ensuite l'idée de tracer un grand G sur le poing gauche de Dédé, qui accepta volontiers. À sa demande, et par sécurité, on marqua l'autre main d'un D.

Cette brillante solution fit un flop : le côté G de Dédé devenait D pour la personne qui avait le malheur de se retrouver face à lui. Tout rentra dans l'ordre lorsque le poing gauche de Dédé fut affublé d'un D et inversement.

Le réceptionniste annonça avec satisfaction que leur clientèle s'élargissait et qu'ils ne recevaient presque plus de réclamations depuis cette trouvaille ingénieuse. Ils avaient même des commandes émanant d'Allemagne, de France, d'Espagne et d'Angleterre. Les Italiens, eux, semblaient se débrouiller très bien tout seuls.

Aujourd'hui, le trio devait aborder le sujet d'une extension de leur activité et d'un recrutement potentiel. Dédé connaîtrait-il un candidat ? Une personne capable de briser bras et jambes et de respecter des limites ? Si Dédé campait sur sa décision de ne pas travailler plus de deux heures, trois jours par semaine, la question s'imposait.

Dédé répondit d'un ton réprobateur que, à la différence du réceptionniste et du pasteur, il ne cherchait pas à se remplir les poches et savait bien employer son temps libre. Bosser trois fois par semaine, c'était bien assez, et il refusait qu'un bleu tout excité ternisse sa réputation pendant ses jours de congé.

Quant aux pays étrangers qui réclamaient son aide, il n'avait qu'une chose à dire : jamais de la vie ! Il n'était pas raciste, ce n'était pas la question, et sincèrement convaincu de l'égalité des gens. Il voulait simplement avoir la possibilité d'être aimable, de dire « bonjour », « beau temps, pas vrai ? » à la personne dont il s'apprêtait à refaire le portrait. C'était la moindre des choses !

— Ça s'appelle le respect ! insista-t-il. Mais vous n'en avez peut-être jamais entendu parler.

Le réceptionniste se refusa à tout commentaire sur l'attachement du meurtrier envers la politesse vis-à-vis d'un homme qu'il se disposait à démolir. Il fit toutefois remarquer d'un ton acide que Dédé ne roulait pas sur l'or. L'autre jour, au bistrot du coin, un juke-box était passé par la fenêtre pour la simple raison qu'il diffusait de la mauvaise musique.

— Combien a coûté ce temps bien employé ? Vingt-cinq mille couronnes ? avança Per Persson, qui ressentit une certaine satisfaction en prononçant ces mots.

Dédé marmonna que trente mille était sans doute plus proche de la vérité et que cette initiative n'avait pas été la plus rentable de sa vie.

— Mais franchement, qui peut avoir envie de mettre de l'argent dans une machine pour écouter du Julio Iglesias ?!

9

La vérité, c'était que Per Persson avait été escroqué de sa vie. Ne croyant en aucune puissance supérieure et son grand-père étant mort depuis longtemps, il ne pouvait extérioriser sa frustration sur rien ni personne de précis et avait vite décidé, derrière son comptoir à la réception, de détester la terre entière, tout ce qu'elle symbolisait et contenait, y compris ses sept milliards d'habitants.

De prime abord, il n'avait pas de raison d'épargner Johanna Kjellander, qui avait établi leurs rapports en essayant de le voler. Mais l'aura de misère qui enveloppait cette femme lui rappelait un peu la sienne. Avant que le crépuscule ne tombe sur le jour de leur rencontre, ils avaient rompu le pain (ou plutôt, Johanna avait dévoré ses sandwichs) et s'étaient associés dans un business explosif.

Depuis le début, ils avaient des affinités inavouées, même si le réceptionniste peinait plus que le pasteur à s'en rendre compte. Ou s'il avait besoin d'un peu de temps.

En près d'un an d'activité, les deux compères avaient empoché environ sept cent mille couronnes, et le meurtrier, le quadruple. Les premiers avaient régulièrement fait bonne chère en tête à tête, mais il leur restait la moitié de leurs bénéfices, sagement cachée à l'intérieur de deux boîtes à chaussures dans la pièce derrière la réception.

Per Persson, avec son esprit très prosaïque, complétait l'audacieuse et inventive Johanna, et vice-versa. Elle aimait son dégoût de l'existence, dans lequel elle se reconnaissait. Lui qui n'avait jamais apprécié personne, y compris lui-même, ne put finalement plus lutter contre le constat qu'une autre personne sur la planète Terre comprenait que le reste de l'humanité était irrécupérable.

Après une soirée dans le quartier branché de Södermalm où ils avaient fêté l'acompte du très rentable centième contrat – fracture des deux jambes et des deux bras, d'un nombre indéfini de côtes et tête au carré –, le duo rentra à l'hôtel. L'ambiance était si décontractée que Per Persson se surprit à demander à Johanna si elle se rappelait sa suggestion de terminer la soirée dans sa chambre, plusieurs mois plus tôt.

Elle s'en souvenait, tout comme de la réponse.

— Tu crois que tu pourrais poser de nouveau la question ?

Johanna Kjellander sourit et demanda d'abord des garanties. Aucune femme n'aime essuyer deux refus de suite.

— Non, dit Per Persson.

— Non quoi ?

— Non, tu n'essuieras pas un refus.

La réunion sur l'oreiller entre deux des personnes les plus amères du pays fut un pur enchantement. Johanna prononça ensuite un prêche bref mais sincère (fait sans précédent) sur la foi, l'espérance et l'amour, ce dernier étant, selon l'apôtre Paul, le plus grand.

— On dirait qu'il savait de quoi il parlait, dit le réceptionniste, tout étourdi par l'idée qu'il pouvait ressentir ce qu'il ressentait, quoi que ce fût.

— Mouais, hésita Johanna. Saint Paul a aussi dit pas mal de bêtises. Par exemple, que la femme a été créée pour l'homme, qu'elle doit se taire à moins qu'on lui adresse la parole et que les hommes n'ont pas le droit de coucher entre eux.

Le réceptionniste ne voulut pas débattre de qui avait été créé pour qui, mais dit qu'il se souvenait d'une occasion, deux grand maximum, où Johanna aurait mieux fait de se taire. Quant à coucher avec certaines personnes et pas d'autres, il préférait largement la femme pasteur à Dédé le Meurtrier, même s'il ne voyait vraiment pas ce que saint Paul venait faire là-dedans.

— Personnellement, je préférerais coucher avec un support à vélo plutôt qu'avec Dédé, renchérit le pasteur. Et je suis d'accord avec toi sur l'autre point.

Lorsque le réceptionniste demanda ce que la Bible disait des relations sexuelles entre femme et support à vélo, le pasteur lui rappela qu'à l'époque de saint Paul les deux-roues n'existaient pas.

N'ayant rien à ajouter, ils ouvrirent une nouvelle réunion, aussi peu amère que celle qu'ils venaient de clore.

La vie suivit quelque temps un cours parfait. Le pasteur et le réceptionniste partageaient avec bonheur leur profond dégoût du monde, population comprise. Leur fardeau s'allégea de moitié, chacun n'ayant plus que trois milliards et demi de personnes à détester au lieu de sept, plus (il faut en convenir) un grand nombre de défunts. Parmi ces derniers, l'aïeul de Per, l'arbre généalogique complet de Johanna et surtout saint Matthieu, saint Marc, saint Luc et saint Jean et leurs petits camarades dans le Livre qui poursuivait la jeune femme (par le passé comme aujourd'hui).

Pendant l'intervalle où les jeunes amoureux avaient rassemblé sept cent mille couronnes, Dédé le Meurtrier en avait gagné deux millions huit cent mille. Cependant, en raison de sa capacité à maintenir à flot un bistrot à lui tout seul en quelques heures, ses économies n'excédaient jamais plus de quelques billets de mille couronnes. Il gaspillait son argent au rythme des recettes et, si par hasard il parvenait à constituer un capital digne de ce nom, les soirées au bistrot tendaient à être très animées, comme celle où le juke-box était allé prendre l'air.

— Tu n'aurais pas pu simplement débrancher la prise ? avait prudemment demandé le patron, le lendemain, à son habitué penaud.

— Euh, ben, bafouilla Dédé le Meurtrier. Ça n'aurait pas été une mauvaise idée.

Au fond, ces incidents arrangeaient le réceptionniste et le pasteur. Tant que Dédé ne thésauriserait pas, il aurait besoin de flanquer des raclées au nom de clients qui avaient les moyens de s'offrir des corrections personnalisées.

Per Persson et Johanna Kjellander ignoraient toutefois que, durant l'année, Dédé avait été gagné par le sentiment croissant que l'existence était sans espoir. Il n'en avait que vaguement conscience. Il avait dialogué toute sa vie à l'aide de ses poings, et se parler ainsi à soi-même n'était pas facile. Il se tourna donc vers la bouteille, en commençant plus tôt dans la journée et avec plus d'enthousiasme qu'auparavant.

Cela le soulageait mais exigeait un approvisionnement constant. Rien ne s'arrangea quand le pasteur et le réceptionniste unirent leurs destins en arborant un sourire béat. Qu'est-ce qu'il y avait de drôle, merde, de savoir que son retour à la case départ était proche ? Autant abréger ses souffrances, massacrer le premier imbécile venu et retourner en taule pour vingt ou trente ans, ce qu'il s'était promis d'éviter. Au moins, à sa sortie, le pasteur et le réceptionniste ne souriraient plus d'un air niais. Les amourettes gardaient rarement leur fraîcheur après deux décennies.

Dans une tentative inattendue et maladroite d'introspection, le meurtrier se demanda à quoi tout cela rimait. Quelle avait été, par exemple, la finalité de l'incident du juke-box ?

Bien sûr qu'il aurait pu débrancher la prise ! Julio Iglesias se serait tu, mais ses fans, quatre hommes et autant de femmes autour de la table, auraient protesté bruyamment. Avec un peu de chance, casser la figure au type le plus gueulard aurait suffi, mais dans le pire des cas il aurait dû les démolir tous les huit. Avec le risque que l'un d'eux ne se relève pas. C'est alors vingt ans en taule qui l'auraient attendu, à plus ou moins dix ans près.

Une meilleure solution aurait été de laisser ces ahuris écouter la musique de leur choix. Mais, bon, avec Julio Iglesias, on avait franchi les limites autorisées.

Avec son lancer de juke-box qui avait écourté la soirée pour tout le monde, Dédé avait permis à son Moi destructif de vaincre sa personnalité hyperdestructive. La conséquence avait été coûteuse, mais – et c'est tout ce qui comptait – il s'était réveillé dans son lit, pas en cellule.

Le juke-box lui avait sauvé la vie. Ou il s'était sauvé lui-même en utilisant le juke-box comme une arme. Cela signifiait-il qu'un retour en prison n'était pas aussi inévitable que le lui rabâchait dernièrement son inconscient ? Y aurait-il une voie sans violence ni juke-box volants ?

Si oui, où commençait-elle et où menait-elle ?

Sur cette réflexion, il décapsula sa première bière de la matinée. Talonnée par la deuxième. Il oublia ses interrogations, son estomac noué s'était détendu, lui offrant une raison de trinquer.

La bière était l'eau de la vie. La troisième était presque toujours la meilleure.

Youplaboum ! songea-t-il en conclusion.

10

Le jour vint où le trio paya sa dette envers le comte. Cette fois, la victime était un client qui avait essayé une Lexus RX 450 h pendant un week-end, et en deux jours, donc, avait réussi à se la faire voler.

Selon ses dires.

En réalité, il l'avait cachée chez sa sœur, domiciliée en Dalécarlie, laquelle s'était empressée de poster sur Facebook un selfie la représentant au volant du véhicule. Il est bien connu que sur les réseaux sociaux, tout le monde connaît quelqu'un qui connaît quelqu'un qui connaît quelqu'un, et la vérité ne mit que quelques heures à remonter jusqu'au comte. Le client malhonnête n'eut pas le temps de comprendre qu'il était découvert qu'il avait déjà le visage en compote, dents de devant arrachées. Vu l'âge de la voiture (récent) et son prix (cher), la punition incluait aussi une rotule et un tibia.

Un boulot de routine, mais l'accord passé dix-neuf mois plus tôt prévoyait que, pour les mêmes honoraires, Dédé casserait les deux bras de l'homme qui avait joué au black-jack trop mal pour son bien et qui avait été, à l'époque, à moitié gracié à cause d'un bébé.

Dédé exécuta cette partie du travail avec autant de soin (casser deux bras était plus facile qu'un seul : on ne risquait pas de se tromper de côté). Cependant, cette affaire rappela au meurtrier les aimables paroles du pasteur lors de leur rencontre. Elle avait loué son savoir-vivre, lui qui avait épargné un petit enfant.

Le pasteur avait cité la Bible. Rien que ça ! Et s'il y avait d'autres phrases de ce genre dans cette espèce de pavé ? Des histoires qui lui feraient du bien ? Le transformeraient ? Cette lubie lui passait parfois par la tête, mais jusqu'ici il l'avait refoulée de son mieux.

Il parlerait à Johanna Kjellander le lendemain, c'était décidé. Et maintenant, au bistrot ! Il était presque 16 h 30.

À moins que ?

Il pourrait faire un petit détour par la pension, à tout hasard. Et demander au pasteur d'expliquer un ou deux trucs à propos d'un ou deux autres trucs ? Il noierait plus tard ce nœud permanent dans son estomac. De toute façon, il n'aurait pas à beaucoup parler pendant que le pasteur raconterait, seulement à écouter. Il pourrait toujours boire en même temps.

— Dis, pasteur Johanna ! Il faut que je te parle.
— Bien sûr. Tu as besoin d'argent ?

— Nan.

— Il n'y a plus de bière dans le frigo ?

— Si, je viens de vérifier.

— Qu'est-ce que tu veux alors ?

— Te parler, je t'ai dit.

— De quoi ?

— De comment ça marche, Dieu, Jésus, la Bible et tout le bazar.

— Hein ? fit le pasteur.

Qui aurait dû flairer les ennuis.

En guise de préambule à sa première conversation théologique, Dédé expliqua qu'il avait compris que la jeune femme était experte en matière de religion. Elle ferait bien de commencer par le commencement…

— Le commencement ? Eh bien, voilà : on dit qu'au commencement, Dieu créa le ciel et la Terre et que ça s'est produit il y a six mille ans environ, mais certains pensent que…

— Mais non, merde ! Je ne parle pas de ça ! Comment ça a commencé pour toi ?

Johanna aurait dû se méfier, mais elle fut agréablement surprise. Le réceptionniste et elle avaient décidé de détester tout et tous à eux deux, mais jamais ils n'avaient eu de conversation profonde. Quand l'occasion s'était présentée, ils avaient préféré le plaisir de se consacrer l'un à l'autre plutôt qu'à leur amertume et à ses causes.

Il s'avérait que, pendant ce temps, Dédé le Meurtrier avait cogité. La catastrophe couvait, car s'il se mettait à lire des livres préconisant de tendre l'autre joue, lui dont le métier était de fendre des nez et des mâchoires le lundi, le mercredi et le vendredi... que resterait-il de leur entreprise ?

Pour un observateur extérieur, peut-être est-il clair que Johanna Kjellander aurait dû tiquer tout de suite. Qu'elle aurait dû avertir son réceptionniste. Mais Johanna n'était qu'un être humain (et un intermédiaire assez douteux entre Dieu et l'homme). Si quelqu'un voulait connaître son passé, elle exauçait ce souhait, même si son interlocuteur était un meurtrier impulsif et irresponsable. C'était comme ça.

Elle invita donc Dédé à entendre le récit de sa vie, qu'elle n'avait raconté jusqu'alors qu'à son oreiller Ikea. Elle était bien consciente qu'elle n'obtiendrait pas davantage de sagacité de la part du meurtrier, mais cela comptait peu face à la joie d'avoir trouvé une oreille attentive.

— Eh bien, au commencement, mon père a créé l'enfer sur terre, se lança-t-elle.

Johanna avait été poussée sur la voie théologique par son père, naturellement opposé au pastorat des femmes. Non que l'existence de pasteurs de sexe féminin aille à l'encontre de la volonté du Seigneur – quoique –, mais la place d'une femme était aux fourneaux et de temps à autre, selon l'humeur de son époux, dans le lit conjugal.

Toutefois, le métier de pasteur se transmettait dans la famille Kjellander de père en fils depuis la fin du XVIIe siècle, et de fils, cette fois, il n'y avait point. Rien à voir avec la foi ou la vocation : c'était une simple tradition à maintenir, une position à préserver. Les doutes de la jeune fille sur l'existence de Dieu importaient peu. Son père avait décidé qu'elle deviendrait pasteur, un point c'est tout. Sinon, il veillerait personnellement à ce que le diable l'emporte.

Johanna s'était demandé de nombreuses années durant pour quelle raison elle obéissait au moindre de ses ordres. Mystère. Depuis toujours, elle avait été sous l'emprise de son père. Dans son plus ancien souvenir, il menaçait de tuer son lapin de compagnie : quand elle n'allait pas se coucher à l'heure, ne rangeait pas derrière elle, n'avait pas les notes attendues… Ce serait un geste de miséricorde, disait-il, car un lapin a besoin d'un maître responsable, qui montre l'exemple, pas quelqu'un comme elle.

Et les repas ! Elle se souvenait de la façon qu'il avait de tendre lentement le bras depuis sa place pour attraper son assiette à elle, avant de se diriger vers la poubelle… et de jeter son repas, vaisselle comprise. Parce qu'elle avait mal parlé à table. Mal entendu. Mal répondu, mal fait. Mal été.

Combien d'assiettes avaient ainsi péri au fil des ans ? Une cinquantaine ?

Dédé écoutait la jeune femme avec attention, à l'affût de quelque chose qui vaille d'être entendu. L'histoire de son père n'en faisait pas partie. Le meurtrier avait vite conclu que le vieux méritait une bonne raclée.

Ensuite, l'affaire serait réglée. Dans le cas contraire, une seconde visite était de rigueur.

D'ailleurs, Dédé offrit ses services au pasteur, pour interrompre sa complainte – son récit traînait en longueur. Elle en était encore à son dix-septième anniversaire, quand son père avait craché à ses pieds en disant : « Mon Dieu, comme tu dois me haïr pour m'avoir donné une fille, et surtout cette fille. Tu m'as bien puni, Seigneur. » Il ne croyait pas plus en l'Éternel qu'elle, mais infliger des souffrances avec l'aide divine, c'était son dada, sa marotte, son hobby à lui.

— S'il te plaît, Johanna, file-moi l'adresse du croulant. Je vais lui apprendre un peu les bonnes manières avec ma batte de brännboll. Et même beaucoup, plutôt. Gauche et droite. Bras ou jambes, à toi de choisir.

— Je te remercie pour cette offre, mais c'est trop tard. Mon père est mort il y a bientôt deux ans. Je l'ai appris alors que j'allais monter en chaire pour parler de pardon et d'indulgence, mais j'ai changé mon fusil d'épaule. J'ai remercié le diable d'avoir repris mon père. Autant te dire que ça n'a pas fait très bon effet. Je ne me souviens pas bien, mais je crois que j'ai qualifié mon père d'un mot qui se rapporte au sexe féminin…

— Un con ?

— Inutile d'entrer dans les détails. Les fidèles m'ont montré la porte. Même si, bien sûr, je savais déjà où elle se trouvait.

Dédé le Meurtrier aurait aimé savoir quelle injure elle avait employée mais apprit seulement que le terme choisi avait incité deux de ses ouailles les plus pieuses à lui lancer leurs psautiers.

— Dans ce cas, je suis sûr que c'était...

— Allons ! le coupa Johanna Kjellander. Je suis partie, j'ai erré jusqu'au dimanche des Rameaux, où j'ai rencontré notre ami commun, Per Persson, sur un banc public. Ensuite, j'ai fait ta connaissance. Et de fil en aiguille, nous voilà ici.

— Oui, nous voilà, renchérit Dédé le Meurtrier. On peut en revenir à la Bible, histoire que la conversation ne s'égare pas ?

— Mais c'était toi qui... tu voulais que je te raconte mon...

— Oui, oui, mais pas tout un roman.

11

Éprouvant le besoin de partager avec quelqu'un – n'importe qui – les instants cruciaux de son enfance, Johanna Kjellander rappela à Dédé qu'il était venu la trouver de lui-même et n'avait maintenant qu'à s'en accommoder. En bref, il n'avait qu'à la boucler jusqu'à ce qu'elle ait terminé.

Dédé le Meurtrier n'était pas homme à qui on donne impunément des ordres, mais le pasteur avait posé une Pils devant lui dans le même temps, alors il laissa passer.

— Merci, dit-il.

— Tu vas te taire, à la fin ?

Johanna Kjellander avait été maltraitée dès l'aube de sa vie, de toutes les façons imaginables sauf physiques. Elle pesait trois kilos cent quarante grammes lorsque son père l'avait touchée pour la première et dernière fois. Il l'avait soulevée d'une poigne bien plus rude que nécessaire, l'avait approchée de son visage et lui avait soufflé à l'oreille :

« Qu'est-ce que tu fais ici ? Je ne veux pas de toi. Tu m'entends ? Je ne veux pas de toi !

— Comment oses-tu, Gustav ? s'était indignée la mère de Johanna, épuisée après l'accouchement.

— C'est moi qui décide ce que j'ose ou pas, c'est clair ? N'essaie plus jamais de me donner des ordres ! » avait rétorqué Gustav Kjellander en rendant le bébé à sa femme.

C'était parfaitement clair. Au cours des seize années suivantes, jamais plus la mère de Johanna ne s'opposa à son mari. Elle choisit plutôt de se jeter à la mer quand sa vie lui fut insupportable.

Gustav avait éclaté de colère quand, après deux jours sans nouvelles, le corps de son épouse avait été rejeté sur la côte. Comme on sait, il n'avait jamais cédé à la violence, mais Johanna avait lu sur son visage que si sa femme n'avait pas pris son destin en main, il l'aurait battue à mort à l'endroit même.

— Il faut que j'aille aux chiottes, interrompit Dédé le Meurtrier. Ça dure encore longtemps ?

— Je t'ai déjà dit de la fermer quand je parle ! Et par tous les bouts si besoin. Tu n'iras nulle part avant que j'aie terminé !

Dédé ne l'avait jamais vue aussi autoritaire. Bah, ce n'était pas vraiment pressant. Il s'ennuyait, voilà tout. Avec un soupir, il la laissa reprendre son récit.

Trois ans après le décès de sa mère, Johanna fut en âge de quitter le presbytère pour étudier. Au moyen de lettres et d'appels téléphoniques, son père continua à distance à la maintenir sous sa coupe.

On ne devenait pas pasteur en un jour. Johanna accumula un nombre non négligeable de crédits universitaires en théologie, exégèse, herméneutique, pédagogie religieuse et autres matières pour obtenir l'autorisation de passer son examen final à l'Institut pastoral de l'Église suédoise à Uppsala.

Plus Johanna se rapprochait du but fixé par son père, plus celui-ci devenait aigri : elle restait une femme. Gustav Kjellander se sentait piégé entre son vœu de perpétuer une tradition pluriséculaire et la trahison commise envers ses ancêtres en engendrant une fille plutôt qu'un fils. Il s'apitoyait sur son sort tout en haïssant Dieu et Johanna avec la même intensité, sachant pertinemment que Dieu (s'il existait) le lui rendait bien et que sa fille aussi l'aurait haï si elle l'avait osé.

Johanna ne s'accorda qu'une seule révolte : mépriser Dieu de toutes ses forces, ne pas croire au Christ, remettre en question les récits bibliques. En niant les purs enseignements protestants et évangéliques, elle diminuait son père. Gardant secrète sa non-croyance radicale, elle fut ordonnée pasteur, un jour pluvieux de juin. Il n'y avait pas que les nuages qui s'étaient donné rendez-vous. Le vent s'était déchaîné, frisant l'avis de tempête. Il ne faisait que quatre degrés ! N'était-il pas tombé aussi un peu de grêle ?

Johanna ricanait. Si c'était là une protestation de Dieu contre son ordination, ne pouvait-il pas faire mieux que d'envoyer quelques grêlons en juin ?

Quand les éléments se calmèrent, elle fit ses valises

et retourna dans son Sörmland natal, où elle officia dans une paroisse à portée des griffes de son père. Quatre ans plus tard, conformément au plan paternel, elle rejoignit la congrégation familiale pour assurer le service religieux. Son père partit à la retraite. Il avait sans doute l'intention de continuer à mener la danse, mais contracta un cancer de l'estomac. Rendez-vous compte ! Il n'était pas invincible ! Le cancer régla en trois mois ce que Dieu avait échoué à faire en une vie (s'il avait tenté quoi que ce soit). Depuis sa chaire, sa fille lui souhaita du fond du cœur un bon séjour en enfer et, quand elle employa un juron désignant le sexe féminin à l'encontre de l'homme qui avait été le symbole de la paroisse pendant trente ans, elle s'attira les foudres de l'assistance.

— Tu veux pas dire une fois pour toutes si c'était « con » ? la coupa Dédé.

Johanna lui lança le regard « Tu la boucles, OK ? ».

L'ère de la première femme ministre de la paroisse s'acheva. Le père était mort, sa fille, libre, sans emploi et sale et affamée après une semaine sur les routes.

Mais quatre sandwichs au jambon et une bouteille de jus de framboise plus tard, elle avait à nouveau un toit et un métier. Le boulot de conseiller avait bien payé depuis le début et encore mieux au bout de deux ans. Et voilà qu'elle avait trouvé l'amour ! En bref, la situation était devenue supportable. Si seulement le meurtrier n'insistait pas tant pour parler de la Bible…

— Oui, la Bible, renchérit Dédé. Si tu as fini de chouiner, on peut revenir à ma question ?

Johanna fut froissée par le peu d'intérêt que le meurtrier témoignait pour son histoire, et en colère qu'il ait ouvert la bouche, ignorant son interdiction.

— Tu veux une autre bière ? demanda-t-elle.

— Enfin ! Oui, merci.

— Eh bien, t'en auras pas !

12

Chez l'étudiante en théologie Johanna Kjellander, l'un des piliers centraux de l'athéisme actif était la date de rédaction des quatre évangiles, bien après la mort du Christ. S'il existait un homme (ou une femme) capable de marcher sur l'eau, créer de la nourriture à partir de rien, faire marcher un paralytique, chasser la folie des hommes dans des porcs et même revenir d'entre les morts au bout de trois jours, pourquoi avait-il fallu une génération, deux ou plus, avant que quelqu'un ait l'idée de consigner par écrit tous ses accomplissements ?

— Qu'est-ce que j'en sais ? rétorqua Dédé. Il a vraiment fait marcher un paralytique ? Raconte !

Johanna Kjellander nota que son associé était plus sensible au miracle qu'au doute, mais elle ne renonça pas. Elle expliqua que deux des évangélistes avaient eu le récit d'un autre sous les yeux quand ils avaient rédigé les leurs. Pas étonnant que les témoignages se ressemblent tant ! Mais le quatrième, Jean, avait inventé plein d'histoires, quelque cent ans après la crucifixion. Voilà qu'on affirmait que le Christ était la voie, la vérité et la vie, qu'il était la lumière du monde et le pain de vie et à peu près tout le reste.

— La voie, la vérité et la vie, répéta Dédé d'une voix teintée de dévotion. La lumière du monde !

La jeune femme raconta que certaines parties de l'Évangile selon saint Jean n'étaient même pas de sa plume. De nouveaux passages avaient été ajoutés au IVe siècle, comme la célèbre scène où le Christ exige que celui qui n'a jamais péché jette la première pierre. L'auteur, quel qu'il fût, voulait sans doute dire que nul n'est sans tache, mais cela n'expliquait pas ce que cette histoire faisait dans la Bible.

— Au IVe siècle ! Tu te rends compte ? s'indigna Johanna. C'est encore pire que si je décidais d'écrire comment s'est déroulée la Révolution française, et que tous les historiens du monde soient d'accord avec moi !

— Oui, répondit Dédé, qui n'avait écouté que ce qui l'arrangeait. Jésus avait raison, bien sûr. Qui n'a jamais péché ?

— Ce n'est pas ce que j'essaie de t'expliquer…

Le meurtrier se leva. Apparemment, le bistrot l'appelait.

— On se voit mercredi à la même heure, d'accord ?

— Mercredi, je n'ai pas…

— Super. Salut.

13

Le pasteur et le meurtrier se réunirent de plus en plus souvent. Au début, Johanna n'avait pas jugé utile d'en informer son réceptionniste, mais ensuite, dire qu'elle n'osait pas serait plus juste. Elle s'efforçait d'empêcher les événements de suivre leur cours logique. Dédé le Meurtrier commençait à montrer des signes de contrition envers sa conduite. Il aspirait à devenir quelqu'un de bien avec le concours du pasteur et de Dieu. Si Johanna Kjellander répondait qu'elle n'en avait ni le temps ni l'énergie, il menaçait de se mettre en grève.

— Pas beaucoup, juste un peu pour commencer, dit-il d'un ton conciliant. On est collègues, après tout. Et la Bible dit que...

— Oui, oui, soupira le pasteur.

Elle n'avait plus qu'un recours : salir le nom de Dieu et en profiter pour donner de mauvaises idées à Dédé.

Se basant sur le Livre de Job, elle déclara que le principal point commun entre l'Éternel et Dédé était d'avoir tué des gens, mais que lui avait épargné les enfants.

— Un jour, Dieu a tué dix gosses d'un coup pour montrer à Satan que leur père ne perdrait pas la foi.

— Dix ? Et leur mère, qu'est-ce qu'elle a dit ?

— Son rôle premier était de se taire et d'obéir, mais on raconte qu'elle a tout de même mal réagi. C'est compréhensible. Mais après quelques épreuves, Dieu a envoyé dix nouveaux enfants au croyant modèle. Je suppose que c'est la daronne acariâtre qui les a mis au monde. Ou ils sont arrivés par la poste, ce n'est pas dit.

Dédé le Meurtrier garda le silence, fouillant sa mémoire à la recherche d'une explication universelle, même si ce terme lui était étranger. Johanna s'aperçut qu'elle l'avait troublé. L'espoir renaissait !

L'ancien meurtrier marmonna que le Seigneur avait tout de même envoyé dix enfants de rechange... Ce n'était pas bête, si ? La jeune femme objecta que Dieu n'était pas digne de confiance s'il ne comprenait pas que, pour des parents, les enfants n'étaient pas inter-changeables comme les pneus neige.

Les pneus neige ? À l'époque de Job ? L'idée était saugrenue, mais fournit une issue à Dédé.

— C'était quoi déjà, l'expression que tu as utilisée l'autre jour ? Quand je t'ai crié dessus parce que tu faisais la maligne avec tes mots compliqués ?

Aïe !

— Je ne me souviens pas, mentit-elle.

— Mais si ! Tu as dit que les voies du Seigneur sont… impénétrables.

— J'aurais plutôt dû dire que le Créateur est capricieux ou profondément psychotique. Je regrette…

— Tu as ajouté que « la sagesse de Dieu est infinie et dépasse l'homme », pas vrai ?

— Non, enfin oui ! Je veux dire : j'ai dit que les gens tendent à s'abriter derrière des formules toutes faites quand il faut expliquer l'inexplicable. Comme l'incapacité de Dieu à distinguer dix enfants de quatre pneus neige.

Dédé continuait à n'écouter que ce qui l'arrangeait et à argumenter en conséquence.

— Je me souviens d'une prière que ma mère m'a apprise quand j'étais petit. Tu sais, la vieille imbécile édentée. Elle était pas aussi chiante avant de se noyer dans le schnaps. Qu'est-ce que c'était, déjà ? « Dieu qui aime les petits enfants, veille sur moi qui ne suis pas grand… »

— Et donc ?

— Comment ça « et donc » ? Tu as entendu, non ? Dieu aime les enfants. Nous sommes tous ses enfants, je l'ai lu pas plus tard qu'hier quand j'étais aux chiottes et…

Johanna l'interrompit : elle n'avait pas besoin d'entendre la suite. Dédé avait réussi à lui soutirer un exemplaire du Nouveau Testament, qui trônait à présent sur un tabouret aux toilettes du premier étage. Il avait dû tomber sur l'Évangile selon saint Jean. Advienne que pourra, elle était à court de munitions, ne restait que la question au cœur de la théologie : si le Seigneur est bon et tout-puissant, pourquoi le monde est-il dans cet état ?

L'argument était aussi bancal que les autres, mais si Dédé n'y avait pas encore réfléchi, peut-être Johanna aurait-elle une chance de...

C'est à peu près à ce moment que l'homme de main se leva.

La catastrophe s'est accomplie, songea Johanna.

— Je ne veux plus tabasser de gens. Ni boire. À partir de maintenant, je mets ma vie entre les mains du Christ. Je demande le paiement pour mon dernier boulot, celui d'hier. Je vais faire don de l'argent à la Croix-Rouge et ensuite, comme qui dirait, nos routes se sépareront.

— Mais... tu ne peux pas faire ça ! Tu n'as pas le droit...

— Pas le droit ? Je te dis que je n'ai plus l'intention de tabasser les gens. Mais je suis sûr que Jésus ne verrait pas d'inconvénient à ce que je fasse deux exceptions : toi et le réceptionniste.

14

Le soir tomba et le jour se leva sans que Johanna Kjellander ait goûté un sommeil digne de ce nom. Quand le soleil filtra à travers les persiennes, elle comprit qu'elle n'avait pas d'autre choix que réveiller le réceptionniste pour lui avouer la triste vérité : elle avait par mégarde présenté Dédé au Christ, qui avait détourné le quinquagénaire de l'alcool et du pétage de gueules contre rémunération.

Avec prise d'effet immédiate.

Elle et lui étaient les seules personnes qu'il envisageait de corriger s'ils refusaient de se plier à ses conditions.

— Quelles conditions ? demanda Per, les yeux encore embrumés.

— Nous lui devons trente-deux mille couronnes, dont il veut faire don à la Croix-Rouge. Je crois que c'est tout.

Le réceptionniste s'assit. Il ressentait la furieuse envie de se mettre en colère, mais ignorait contre qui.

Son grand-père, Johanna Kjellander, Dédé le Meur-trier et le Christ lui semblaient tout indiqués, mais il savait que cela ne servirait à rien.

Le mieux était qu'il prenne son petit déjeuner, se poste derrière son foutu comptoir et réfléchisse à l'ave-nir.

L'entreprise de règlements de comptes ayant perdu son seul exécutant, c'en était fini des bénéfices. La revanche du réceptionniste sur son aïeul resterait au point mort tant que Dédé ne reviendrait pas sur sa décision. Il devait donc l'éloigner de Dieu, du Christ et de la Bible, ce trio qui avait une si mauvaise influence sur lui, pour le ramener à sa trinité habituelle : la bibine, le bistrot et la bringue.

Per Persson avait à peine annoncé son objectif à sa chérie que l'ancien meurtrier apparut, deux heures plus tôt qu'à l'accoutumée.

— Dieu soit avec vous, déclara-t-il au lieu de récla-mer bière et sandwich.

Devenir abstinent en l'espace d'une nuit n'était pas chose facile. Le Christ avait le dessus, c'était clair, mais le réceptionniste soupçonna une lutte intérieure acharnée, ce qui lui inspira un plan aussi précipité que sournois, normalement la spécialité de Johanna Kjellander. Le jeune homme ne fut que plus fier quand son attaque eut l'effet escompté.

— Un sandwich au fromage, comme d'habitude, n'est-ce pas ? Et pour ceux qui suivent le Christ, on remplace la bière par le sacrement de l'Eucharistie ?

Dédé le Meurtrier comprit la partie concernant le

sandwich, mais pas le reste. N'ayant jamais mis les pieds dans une église, il n'avait par chance pas la moindre idée de ce qu'était ce rite.

— Une demi-bouteille, je suppose, reprit Per Persson en lui offrant un peu de rouge pour accompagner le sandwich toujours dans son emballage. La matinée est à peine entamée.

— Mais je ne bois pas d'alcool…

— J'ai compris, seul le vin liturgique est acceptable. Le sang du Christ. Tu veux que je te déballe le corps du Christ ?

— Le quoi ? s'étonna le nouvel abstinent.

Johanna, ayant compris le plan machiavélique de Per, vint à son aide.

— Nous n'avons pas avancé bien loin dans nos études bibliques, mais je suis ravie de voir que tu prends ta foi au sérieux et que tu n'as pas l'intention de te montrer négligent dans la communion avec le corps et le sang du Christ. C'est malheureusement de plus en plus fréquent dans le monde séculier.

Dédé n'avait pas la moindre idée de la signification du mot séculier et ne voyait pas le rapport entre Jésus et le petit rouge, mais il comprit qu'il avait le droit de siffler une demi-bouteille de vin pour accompagner le sandwich, au nom du Christ. C'était fantastique, car son estomac réclamait à cor et à cri quelque chose de ce genre. Sa décision de renoncer à la bière avait été un peu hâtive.

— Eh bien, nul n'est parfait, déclara-t-il, surtout quand la foi est encore jeune. Je suppose que je n'ai pas le choix si je veux suivre la voie du Christ. Mais, dites-moi, vu que lui et moi avons fait connaissance hier soir, j'ai une demi-bouteille de retard, non ?

Et voilà ! Un peu de chance dans la malchance. Dédé était désormais convaincu que quiconque suivait la voie du Christ avait intérêt à célébrer une petite communion matin et après-midi, une troisième plus conséquente le soir avant de passer aux choses sérieuses avec une Eucharistie nocturne, n'importe quand après 21 heures. Quant aux trente-deux mille couronnes qu'il voulait offrir à la Croix-Rouge, il décida de les investir dans le sang du Christ.

Toutefois, il refusait toujours de reprendre le travail. Quatre commandes, acceptées avant que le Christ fonde sur Dédé, attendaient leur exécution. Le réceptionniste avait par la suite éludé les demandes de clients potentiels, prétextant un planning complet ou des retards de livraison momentanés. Mais le statu quo ne durerait qu'un temps. Le jour était-il venu de mettre la clé sous la porte ? Restaient les piles de billets cachées dans les cartons à chaussures et elles appartenaient au réceptionniste et à sa Johanna chérie.

Oui, la chérie était d'accord. Aucun signe d'amélioration, ou plutôt de déclin, de la foi de Dédé à l'horizon. Johanna Kjellander ne voyait pas de raison de continuer à fréquenter le gréviste. Dédé et Jésus n'avaient qu'à partir de leur côté – ils pouvaient même sauter à pieds joints dans une crevasse, s'ils en croisaient une.

Elle se passerait sans problème de La-Pointe-de-Terre, certes, mais elle s'était énormément habituée à la compagnie de Per Jansson, avoua-t-elle. Après tout, ils s'étaient alliés contre le monde entier, et elle aimerait partager avec lui les cartons à chaussures et sa vie pour l'éternité, si possible.

Côtoyer une femme qui, comme lui, ne comprenait pas bien à quoi rimaient les combats de l'existence, mais qui luttait farouchement près de lui, contre tout et tous – au cas où – était assez spécial. Per Persson était donc disposé lui aussi à continuer sur la voie qu'ils empruntaient, pour peu qu'un jour elle retienne son nom.

15

Les cartons à chaussures contenaient près de six cent mille couronnes, leurs économies.

À cette somme s'ajoutaient cent mille couronnes pour commandes non exécutées. Ils devraient les rembourser aux caïds de Stockholm, car aucun nuage ne semblait menacer la relation entre Dédé et Jésus.

Per Persson n'était pas pressé de restituer aux trois gangsters de grande et petite envergure leurs trente mille, quarante mille et trente mille couronnes. Primo, cela signifiait autant de moins dans la caisse, secundo, les clients demandaient des résultats pour leur argent, pas leur argent sans résultats. Et puis ils n'étaient pas aussi accommodants qu'on pouvait le souhaiter et pas plus compréhensifs. Si Per et Johanna annonçaient que Dédé le Meurtrier arrêtait de tabasser les gens, ils en paieraient grandement le prix, c'est certain.

— Nous devrions peut-être renvoyer l'argent par la poste avec un petit mot d'explication et disparaître dans la nature, suggéra le jeune homme. Personne ne connaît nos noms, nous ne laissons pas beaucoup d'indices. Nous aurions du mal à nous trouver nous-mêmes.

Johanna l'écoutait en silence. Per comprenait son besoin de réfléchir. Quoi qu'ils décident, cela énerverait trois criminels. Il reprit la parole :

— Ou alors, nous gardons l'argent, puisque de toute façon ils seront en colère. Nous sommes capables d'échapper à tous les radars. J'ai toujours été payé au noir et, à ma connaissance, je ne suis inscrit nulle part. Je n'ai même pas eu le temps de noter ton nom dans le registre de l'hôtel avant que tu deviennes ma collègue puis ma compagne. Celui du client de la sept, par contre, le monde entier le connaît, et on le plante ici. Qu'il s'amuse à expliquer aux trois clients que le Christ a mis son veto à l'entreprise et que ses anciens conseillers sont partis sans laisser d'adresse. Avec l'argent.

Johanna gardait toujours le silence.

— C'est une mauvaise idée ? demanda Per.

La jeune femme secoua doucement la tête.

— Non. Elle est bonne, mais un peu gagne-petit. Si nous décidons d'escroquer des gens qu'on évite de truander quand on a un brin de jugeote, pourquoi ne pas les rouler pour de bon ? Leur voler autant qu'ils acceptent de payer ? Et un peu plus ? Cent mille couronnes, c'est bien, mais avoue que… disons… dix millions, c'est mieux.

Johanna lui lança un regard énigmatique, auquel le réceptionniste répondit par un sourire perdu. Deux bonnes années s'étaient écoulées depuis le jour où elle l'avait abordé avec l'intention de facturer vingt couronnes une intercession mal ficelée. L'incident avait fait d'eux des ennemis, puis des camarades, ensuite des amis et peu à peu un couple. À présent, ils allaient partir ensemble. Cela, et cela seul, lui procurait un sentiment bienfaisant. Mais le reste, le grand-père, le père, la mère, les millions et les voleurs…

Dix millions, c'était cent fois plus que cent mille.

De quel multiple augmenterait le danger ? Qu'avait prévu Johanna Kjellander une fois cet argent dans la poche, mis à part, s'ils avaient de la chance, s'aimer pour le meilleur sans le pire ?

Le réceptionniste n'eut pas le temps de poser la question : Dédé approchait en fredonnant.

— Dieu soit avec vous, salua-t-il d'une voix si douce que Per en éprouva de l'irritation.

Cela tombait à pic, le jeune homme pouvait présenter la facture qu'il avait établie en guise de vengeance.

— Deux ans et trente-six semaines sans que monsieur Andersson ait payé son dû, annonça-t-il. Deux cent vingt-cinq couronnes la nuit, soit deux cent vingt mille couronnes au bas mot.

Autrefois, quiconque aurait suggéré le paiement du logis se serait pris une raclée de derrière les fagots, mais plus maintenant.

— Voyons, mon bon réceptionniste, protesta Dédé, tu ne peux pas servir à la fois Dieu et le veau d'or.

— Peut-être. Dans ce cas, je commence par le veau d'or. Après, s'il y a du rab, on verra pour l'autre.

— Bien dit, renchérit le pasteur.

— Tu ne ferais pas mieux de me donner un sand-wich au fromage pour commencer ? rétorqua Dédé. N'oublie pas qu'il faut aimer son prochain comme soi-même et que je n'ai pas encore cassé la croûte. Enfin, le corps du Christ, comme on dit.

Johanna Kjellander aussi était agacée par l'ancien meurtrier. Toutefois, pour sa part, elle connaissait la Bible par cœur.

— Heureux, vous qui avez faim maintenant, Luc 6.21.

— Oh, pardon, reprit le réceptionniste. Je ne vou-drais pas briser votre état de béatitude. Vous refuser un sandwich est la moindre des choses que je puisse faire pour vous. Puis-je m'abstenir de vous aider d'une autre façon ? Si ce n'est pas le cas, je vous souhaite une excellente journée.

Dédé le Meurtrier renifla de dédain, mais comprit qu'on ne lui servirait rien à manger à moins d'aller au bistrot. L'estomac vide, il se hâta vers la porte en marmonnant que le Seigneur voyait leurs actions et qu'ils devraient réfléchir à leur attitude tant qu'il était encore temps.

De nouveau seule avec le réceptionniste, Johanna exposa son idée.

— Surtout, ne pas avouer que ce cinglé est devenu croyant. Nous annonçons tout à fait le contraire : Dédé le Meurtrier, plus cruel que jamais, ne connaît plus aucune limite. Nous acceptons le maximum de commandes : meurtres, rotules pétées, yeux crevés, n'importe quoi du moment que c'est cher. Et ensuite, on prend la tangente.

— Tu veux dire… sans avoir arraché les yeux de qui que ce soit ?

— Pas un seul œil, même en verre ! D'abord, ce n'est pas notre genre. Ensuite, nous n'avons personne pour s'en charger…

Le réceptionniste fit un rapide calcul mental. Pendant combien de temps pouvaient-ils accepter des contrats sans les honorer ? Deux, trois semaines ? Un peu plus en prétextant que Dédé était malade. Disons, quatre. En se montrant vraiment offensifs, ils pourraient engranger six ou sept meurtres, le double de punitions avec séquelles graves et encore deux fois plus de passages à tabac classiques.

— Tu as chiffré l'ensemble à dix millions, reprit le réceptionniste, qui était responsable des finances et négociations. Moi, je dirais plutôt douze.

D'un côté, dix à douze millions de couronnes, de l'autre, tous les bas-fonds de Stockholm drôlement remontés.

D'un côté, deux filous disparaissant sans laisser de traces – puisque personne ne connaissait leur identité –, de l'autre, une meute de gangsters à leurs trousses pour le restant de leur vie.

— Alors ? Qu'est-ce que tu en penses ? demanda Johanna.

Per ménagea le suspense quelques secondes. Puis,

imitant le sourire mystérieux de son acolyte, il déclara que la seule façon de savoir si ce plan était une mauvaise idée du début à la fin, c'était de le mettre à exécution.

— Alors, on se lance ? demanda le pasteur.

— On se lance. Que Dieu nous vienne en aide.

— Hein ?

— Je plaisante.

16

Quatorze millions quatre cent mille couronnes plus tard, Per et Johanna bouclèrent chacun une grosse valise toute neuve, une jaune et une rouge, en prévision de leur départ ce jeudi après-midi.

La nouvelle prestation, « brutalité à tous les étages », avait été incroyablement bien reçue. Le pasteur et le réceptionniste étaient sidérés par le nombre de personnes disposées à payer pour éliminer quelqu'un de leur entourage. Le dernier client en date était un homme malingre dont le voisin avait construit un enclos à poules à quatre mètres vingt de la limite entre leurs terrains au lieu des quatre mètres cinquante stipulés. Après que le maigrichon le lui avait fait remarquer, le voisin avait eu le culot de faire des grimaces à sa femme. Le chétif l'était trop pour lui donner une raclée et, si un autre s'en chargeait, l'impertinent se vengerait dès qu'il serait remis. Voilà pourquoi il devait disparaître ad vitam aeternam.

— À cause d'un enclos à poules ? s'étonna le réceptionniste. Pourquoi n'allez-vous pas vous plaindre à la mairie ? Il y a des règles, non ?

— Si, mais le grillage à poules n'est apparemment pas considéré comme une clôture, alors la loi lui a donné raison.

— Et donc pour ça il devrait mourir ?

— Il a fait des grimaces à ma femme, insista le chétif.

Le réceptionniste oubliait que le voisin aux poules, ce fieffé arrogant, resterait en vie et que, seule différence notable, le maigre aurait des économies assorties à sa stature. Quand Johanna Kjellander s'aperçut que Per s'apprêtait à refuser la commande, elle intervint.

— Comment avez-vous entendu parler de nos services ?

— Eh bien, j'avais lu plein d'articles dans les journaux et je les ai gardés en mémoire, parce que ce n'est pas la première fois qu'il se conduit mal, mon voisin. Quand le besoin s'est fait sentir, il m'a suffi de poser des questions dans... euh, dans les endroits un peu louches.

L'histoire semblait plausible. Le pasteur annonça que le châtiment lui coûterait huit cent mille couronnes.

Le maigrichon hocha la tête, satisfait. Cette somme représentait toute une vie d'économies, mais le jeu en valait la chandelle.

— Vous aurez l'argent mercredi. Ça ira ?

Oui, ça irait, puisque la fuite du réceptionniste et du pasteur était prévue le jeudi.

Tout ce que savaient les deux complices, c'était que leur avenir commun était couvert financièrement et n'impliquait aucun ex-meurtrier fraîchement converti.

— Vous partez en voyage ? demanda Dédé, qui sortait pour recevoir le corps et – surtout – le sang du Christ.

Ces derniers temps, il se rendait toujours dans le centre de la capitale, changeant de bistrot quand nécessaire, car en banlieue, plus moyen d'apporter la bonne parole sans recevoir autant d'injures en retour. Dans leur quartier, on savait que l'ancien meurtrier était à présent inoffensif et on n'hésitait pas à l'envoyer paître quand il insistait, en plein match Arsenal-Manchester United, pour vous lire les Saintes Écritures.

Par la porte entrouverte derrière le comptoir, Dédé avait aperçu les valises. Par chance, les montagnes d'argent qui y prendraient place étaient hors de vue.

— Tu as besoin de quelque chose ? répliqua le réceptionniste, qui estimait ne devoir répondre à aucune question du gréviste.

— Non. Que Dieu bénisse votre route.

Le meurtrier décida d'essayer l'un des petits bistrots de Södermalm. La bière y coulerait à flot, mais il était sûr qu'on lui dégoterait bien un petit verre de rouge.

Au Soldaten Švejk, rue Östgötgatan, il commanda deux verres de cabernet-sauvignon, que la serveuse lui apporta immédiatement sur un plateau. Elle posa le premier devant Dédé, qui le vida d'un trait, tandis qu'elle se demandait où mettre le second. Le meurtrier échangea le verre vide contre le plein et en profita pour commander ses frères, les trois et quatre, « pendant que vous êtes là ».

Le sang du Christ se mêla à celui de Dédé, lui apportant un calme religieux. Regardant autour de lui, le meurtrier croisa le regard d'un inconnu. À moins que... Cette tête lui disait quelque chose. Un type dans la quarantaine, une chope à la main. Mais oui ! C'était un compagnon de taule de son dernier séjour. Ils avaient participé au même groupe de discussion... N'était-ce pas lui qui ne la bouclait jamais ? Gustavsson ou Olofsson, un truc du genre...

— Dédé le Meurtrier ! Content de te voir ! lança Gustavsson ou Olofsson.

— Moi aussi, moi aussi ! Gustavsson, c'est ça ?

— Olofsson. Je peux m'asseoir ?

Il pouvait, car quel que fût son nom, Dédé avait décidé qu'il serait facile à convertir.

— Je marche dans les pas du Christ, à présent, commença-t-il aimablement.

Son interlocuteur n'eut pas la réaction espérée. Olofsson éclata de rire et s'esclaffa plus encore face à la mine sérieuse de Dédé.

— C'est ça, à la tienne ! hoqueta-t-il en buvant une lampée de bière.

Puis il prit un air grave. Dédé le Meurtrier s'apprêtait à demander ce qu'il y avait de drôle, mais Olofsson annonça à voix basse :

— Je sais que tu vas t'occuper du Bœuf.

— Quoi ? !

— Du calme, je dirai rien. C'est mon frère qui a passé la commande. Qu'est-ce que je suis content qu'il crève, cette espèce de sale porc ! Tu te rappelles ce qu'il a fait à ma sœur ?

Le Bœuf était un gangster grand et stupide comme bien d'autres, qui faisait des allers-retours en prison. Il était si massif qu'il se croyait autorisé à tabasser quiconque n'accourait pas quand il sifflait. Un jour, fidèle à cette logique, il avait flanqué une volée à sa propre copine. Bon, elle n'avait pas exactement l'innocence de l'agneau qui vient de naître, c'est sûr. Aide à domicile, elle copiait les clés des personnes âgées pour les donner à ses frères, qui se chargeaient ensuite de faire main basse sur tout objet de valeur. Si les vieux étaient là, ils en profitaient pour leur ficher la trouille de leur vie.

Le Bœuf avait cependant décidé que les clés lui revenaient et il avait rossé d'abord sa copine, puis l'un de ses frères. L'autre était assis en ce moment même face à Dédé le Meurtrier dans un bistrot de Stockholm et le remerciait de...

— Comment ça, m'occuper du Bœuf ? Je ne vais m'occuper de personne ! Je viens de te dire que je marche dans les pas du Christ !

— De qui ?

— Du Christ, merde ! Je me suis converti.

Olofsson observa Dédé.

— Et les huit cent mille couronnes de mon frangin, alors ? T'as déjà reçu le solde !

Dédé pria Olofsson de se calmer. Celui qui suit les enseignements du Christ ne tue pas son prochain contre rémunération, point final. Olofsson devrait chercher les huit cent mille couronnes de son frangin ailleurs.

Ailleurs que dans les poches où l'argent avait indéniablement atterri ? Olofsson n'était pas un lâche ! Il se leva et fit un pas vers le porc qui s'apprêtait à voler près de un million à son frère. En plus, le salaud buvait du vin !

Un instant plus tard, Olofsson finissait K-O, au tapis. Bien que converti, Dédé le Meurtrier n'était pas homme à présenter la deuxième joue, ni la première d'ailleurs. À la place, il para l'attaque d'Olofsson du bras gauche (à moins que ce soit le droit) et l'assomma d'un direct du droit (ou peut-être du gauche). À l'avenir, il devrait s'entraîner à tendre la joue.

La serveuse, qui revenait avec la commande, marqua un temps d'arrêt. Le converti expliqua que son ami avait trop forcé sur la bouteille mais reviendrait bientôt à lui et que, juste avant de s'endormir, il avait promis de régler leurs deux additions.

Dédé vida d'une traite un des verres posés sur le plateau et déclara que le dormeur voudrait sûrement l'autre au réveil. Puis, enjambant Olofsson, il prit la porte et la direction d'une certaine pension dans le sud de l'agglomération stockholmoise où, au même instant, on bouclait des valises, une rouge et une jaune, pour, selon toute vraisemblance, décamper le jour même.

— Avec combien d'argent, hein ? marmonna Dédé.

Il était peut-être long à la détente, un peu beaucoup même, et les mots n'étaient pas sa tasse de thé.

Mais il n'était pas idiot.

17

Une heure de plus et ils n'auraient jamais revu le meurtrier naïf. Par malheur, Dédé avait croisé la mauvaise personne et tiré les bonnes conclusions. Voilà comment, soulevant le couvercle des valises rouge et jaune dans la chambre du réceptionniste, il découvrit les piles de billets de banque.

— Alors ? lança-t-il.

— Quatorze millions quatre cent mille couronnes, lui indiqua Per d'un ton résigné.

Le pasteur tenta de sauver leurs vies et la situation.

— Dont quatre millions huit cent mille qui t'appartiennent, bien sûr. Tu peux en faire don à la Croix-Rouge, à l'Armée du Salut, à toi-même ou ce qui te chante. Nous ne te laissons pas les mains vides. Un tiers te revient. Parfaitement !

— Ah oui ?

Le cerveau de Dédé ne pouvait rien lui proposer d'autre en cet instant. C'était tellement plus simple avant, quand il n'avait pas besoin de se triturer les méninges. Il n'aurait eu qu'à :

1) Casser la figure au pasteur et au réceptionniste ;
2) S'emparer des valises pleines d'argent ;
3) Disparaître.

Mais désormais, il y avait plus de bonheur à donner qu'à recevoir, et il était plus facile à un chameau de passer par le trou d'une aiguille qu'à un riche d'entrer dans le royaume de Dieu. Il ne fallait convoiter ni une chose ni l'autre.

Pourtant... Non, il y a une limite à tout. Soudain, il entendit la voix du Christ : « Élimine ces pharisiens qui t'ont exploité pendant si longtemps. Prends leur argent et recommence ta vie loin d'ici. »

Voilà exactement ce que venait de lui dire Jésus, annonça Dédé aux deux acolytes.

À ces mots, Per Persson sentit le désespoir l'envahir et songea qu'il était temps de supplier à genoux le meurtrier de les épargner. Alors que cette déclaration éveilla la curiosité de Johanna.

— Le Christ t'a vraiment parlé ? Ça alors, pendant toutes les années où j'ai servi d'intermédiaire entre le ciel et la Terre, il n'a pas prononcé un seul mot !

— Peut-être parce que tu es une emberlificoteuse, tu crois pas ?

— Oui, c'est fort possible. Si je survis aux prochaines minutes, j'essaierai de tendre l'oreille. Une petite question avant que tu nous supprimes...

— Quoi ?

— Qu'est-ce que le Christ t'a dit de faire après ?

— De me barrer avec le fric, je t'ai dit.

— Oui, mais encore ? Le pays entier connaît ton identité, tu te souviens ? Impossible de passer inaperçu. Et tu as à peu près la totalité de la grande et petite criminalité de la capitale aux trousses. Tu as expliqué ça au Christ ?

Dédé garda le silence un instant. Puis un autre.

Johanna Kjellander supposa qu'il lançait un appel, en vain. Que Dédé ne se sente pas vexé, lui dit-elle, le Christ avait peut-être un empêchement. Il avait tant à faire : remplir des filets de poissons, ressusciter des fils de veuves, guérir des aveugles, chasser des démons du corps de muets... Dédé trouverait d'autres preuves dans Luc 5 et Matthieu 9, s'il ne la croyait pas.

Per se tortilla. Était-ce vraiment le moment de le provoquer ?

Pourtant, Dédé ne s'emporta pas. Elle avait raison ! Jésus devait être très occupé. Il devrait résoudre ce problème lui-même. Ou demander conseil. Au foutu pasteur, par exemple.

— T'as une idée ?

— C'est à moi ou au Christ que tu poses la question ? demanda Johanna Kjellander, s'attirant un regard furibond du réceptionniste : « Ne pousse pas le bouchon trop loin ! »

— À toi, bordel !

Dix minutes plus tard, Dédé avait relaté à Johanna la scène au Soldaten Švejk, la façon dont il avait bravement étendu un Olofsson menaçant (« parade du gauche, direct du droit et c'était fini ») et les conclusions qu'il avait tirées du dialogue précédant la rixe : le pasteur et le réceptionniste s'apprêtaient à plumer leur camarade jusqu'au croupion.

— Ancien camarade, rappela prudemment le réceptionniste. Tout a commencé quand tu t'es mis en grève.

— J'ai rencontré Jésus ! C'est trop dur à piger, ça ? Et du coup, vous m'avez mis dans la merde !

Le pasteur interrompit l'embryon de querelle qu'ils n'avaient pas le temps de développer. Elle ne réfuta pas le résumé que venait de brosser Dédé, même si elle trouvait qu'il aurait pu employer un autre langage. À présent, ils devaient prendre une décision et vite, car quand l'ex-copain de prison se réveillerait au bistrot, sa colère intacte, il foncerait à coup sûr tout droit chez son frère.

— Tu m'as demandé il y a quelques instants si j'avais une idée pour nous tirer de ce mauvais pas. La réponse est oui !

Ils partiraient ensemble. Per et Johanna auraient pour mission d'empêcher que Dédé soit retrouvé, et ils partageraient l'argent comme des frères : cinq bons millions de couronnes chacun en comptant les sommes économisées un peu plus honnêtement (si on peut dire) par les deux directeurs de l'entreprise.

Leur destination ? Ils l'ignoraient. La veille, Per s'était rendu chez le vieil ami de Dédé, le comte, pour « acheter » un camping-car. Prévu au départ pour deux occupants, il devrait en accueillir trois pendant un certain temps.

— Un camping-car ? Il a coûté combien ? demanda Dédé.

— Pas grand-chose, éluda le réceptionniste.

Per Persson était reparti avec le camping-car contre la promesse que Dédé irait chez le comte au plus tard le vendredi suivant pour payer et raconter en détail le double meurtre.

— Le double meurtre ?

— Oui. Commandé, payé, pas exécuté. Un gros concurrent du comte pour les voitures et un de la comtesse pour les comprimés. Ils veulent moins de monde dans la course, ce qui se comprend, et estiment que ça vaut un million six cent mille.

— Un million six... qui se trouve dans la valise jaune ?

— Ou la rouge.

— Et la commande du comte et de la comtesse ne sera pas honorée ?

— Non, sauf si le Christ insiste pour que tu reprennes du service – Dieu nous en garde. En revanche, ils se seront fait voler un camping-car. Si le comte et sa comtesse risquent d'être les clients les plus rancuniers, ils ne seront pas les seuls, alors nous devrions mettre les voiles !

Johan Andersson n'avait décidément pas la vie facile... Répondre au surnom de Dédé, meurtrier fraîchement converti, et avoir pour seuls amis ses ennemis intimes, qui lui proposaient de partir en camping-car avant de se faire massacrer, n'était pas une situation des plus simples.

Jésus gardait un silence digne du Mur des lamentations, tandis que le pasteur et le réceptionniste continuaient à jacasser.

— Est-ce qu'on peut t'offrir une demi-bouteille de sang du Christ pour la route ?

Dédé prit alors sa décision.

— Ouais. Ou plutôt une bouteille entière, en un jour comme celui-ci. Allez, on se casse.

18

Olofsson se réveilla au bout de quelques minutes. Il houspilla les ambulanciers qui venaient d'arriver, insulta la pauvre serveuse qui demandait le règlement de l'addition et lança le dernier verre de cabernet-sauvignon contre un mur avant de partir en tanguant. Moins d'une demi-heure plus tard, il déboulait chez son frère Olofsson (entre taulards, on se passe souvent de prénoms). Quand le cadet eut expliqué la situation à l'aîné, ils partirent pour La-Pointe-de-Terre afin d'obtenir justice.

L'hôtel semblait abandonné. Quelques clients déboussolés patientaient à la réception. L'un d'entre eux expliqua à Olofsson et Olofsson qu'il avait eu l'idée de composer le numéro de l'hôtel depuis son portable. Résultat : il aurait pu lui-même décrocher le téléphone qui vibrait sur le comptoir.

— Vous aussi, vous voulez une chambre ? demanda l'homme.

— Non, répondit Olofsson.

— Absolument pas, renchérit Olofsson.

Sur ce, ils allèrent chercher un bidon d'essence dans leur voiture, se rendirent à l'arrière du bâtiment et mirent le feu.

En guise de message.

Sans trop savoir lequel.

Les événements prenaient souvent ce tour quand ils s'associaient, Olofsson étant presque aussi caractériel que son frère.

Une heure plus tard, les chefs des pompiers de Huddinge estimèrent inutile d'appeler les renforts. L'immeuble était détruit, néanmoins, en l'absence de vent, les bâtiments avoisinants n'étaient pas menacés. Ils ne pouvaient qu'attendre l'extinction spontanée du feu. Impossible de l'affirmer avec certitude pour l'instant, mais, selon les témoignages, personne n'avait péri dans les flammes et, surtout, deux inconnus avaient allumé le feu volontairement.

L'incident n'ayant engendré que des dégâts matériels, il ne présentait qu'un intérêt limité pour les médias. C'était sans compter le rédacteur de nuit de l'*Expressen*, qui se souvint que l'interview du fameux Dédé le Meurtrier avait eu lieu à cet endroit. Après une investigation journalistique brève mais efficace, la une du lendemain fut toute trouvée :

Guerre au sein de la pègre
DÉDÉ LE MEURTRIER
échappe à un
INCENDIE CRIMINEL

Le journal lui consacra deux doubles pages où l'on répétait à l'envi que Dédé était certainement dangereux. Et puis le meurtrier à présent en cavale cherchait sans doute un nouveau point de chute, tout près de chez vous, peut-être !

Une nation terrifiée est une nation qui lit le quotidien du soir.

Selon le réceptionniste, la destruction de La-Pointe-de-Terre dans l'incendie était à la fois idéale et catastrophique. Le pasteur et Dédé le prièrent d'être plus explicite.

Première cause de contentement : le patron de l'hôtel, vieux roi du porno rapiat, perdait sa principale source de revenus. Si le réceptionniste se souvenait bien, le propriétaire trouvait peu viril d'assurer le bâtiment pour plusieurs milliers de couronnes par an et n'avait donc pas d'assurance incendie, et ce fait le réjouissait plus encore.

— « Peu viril » ? s'étonna Johanna Kjellander.

— La frontière entre la virilité et la stupidité est parfois très mince.

Renonçant à approfondir la question du bon sens masculin, Johanna demanda au réceptionniste de poursuivre.

Deuxième avantage : les flammes avaient anéanti toutes les empreintes digitales et les éventuelles affaires oubliées qui auraient permis de les identifier. Ils étaient plus inconnus que jamais.

… Au contraire de Dédé le Meurtrier. Voilà où était l'aspect catastrophique. Les journaux, l'*Expressen* en tête, répétaient en boucle l'histoire de cet ennemi public n° 1 et diffusaient son portrait en pleine page. Le meurtrier n'avait plus aucune chance de quitter le camping-car autrement qu'avec une couverture sur la tête – ce qui ne manquerait pas d'attirer l'attention. En bref, Dédé était contraint de rester dans le véhicule.

Le lendemain, les médias publièrent de nouvelles informations sur l'homme le plus fascinant de Suède. La rumeur de ses crimes se répandit si vite qu'une poignée de petits délinquants spécialisés dans le détournement de fonds contactèrent les journaux. Ils espéraient toucher une récompense de mille couronnes contre un tuyau :

— Ouais, tu vois, le salaud s'est fait payer d'avance pour descendre des gens et puis il s'est barré avec les thunes sans faire le boulot. C'est p't'être d'l'argent facile, mais combien d'temps tu crois qu'y va rester en vie ?

19

Parler de périple serait un peu osé, mais le trio poursuivit sa route vers le sud en camping-car sans plus de questions. S'éloigner de Stockholm, telle était la priorité. Rester en mouvement, une obligation. Après deux jours de route, ils atteignirent Växjö, dans le Småland, et se dirigèrent vers le centre dans l'espoir de trouver un fast-food pour un brunch.

Aux kiosques et à l'entrée des magasins, les unes de journaux hurlaient que le meurtrier dangereux et sans doute désespéré était tout proche. En affichant ces gros titres dans tout le pays, les médias avaient de fortes chances de tomber juste – à Växjö par exemple.

Si Johanna et Per n'avaient pas échafaudé de projets précis pour leur avenir, celui-ci n'impliquait certainement pas un camping-car d'entrée de gamme pour tout logement et encore moins de le partager avec un meurtrier fantasque, converti et alcoolique, pourchassé par une grande partie de la pègre nationale.

À la vue des gros titres et des portraits patibulaires

de Dédé dans tout Växjö, Johanna marmonna que ce n'était pas de sitôt qu'elle pourrait faire des câlins à sa moitié.

— Bah ! fit Dédé. Vous gênez pas pour moi, je peux me boucher les oreilles.

— Et fermer les yeux, compléta la jeune femme.

— Les yeux aussi ? Je n'ai même pas le droit de…

À cet instant, le camping-car passa devant quelque chose qui détourna le meurtrier de ses pensées libidineuses. Il ordonna au réceptionniste de faire demi-tour, car il avait vu…

— Un resto ?

— Non, mais fais demi-tour ! Grouille-toi !

Haussant les épaules, Per Persson obtempéra. Le meurtrier eut vite la confirmation qu'il n'avait pas rêvé : un local de la Croix-Rouge. Dédé le Meurtrier, d'humeur particulièrement altruiste, était stimulé par la récente conversation romantique.

— Ma part est de cinq millions, pas vrai ? Je veux qu'un de vous apporte cinq cent mille couronnes dans la boutique au nom de Jésus !

— Tu es cinglé ? demanda la jeune femme, qui connaissait pourtant la réponse.

— C'est comme ça que tu appelles les riches qui font des dons aux pauvres ? Des cinglés ? Tu es sûre d'être pasteur ? Tu proposais toi-même que je distribue mon argent à la Croix-Rouge ou à l'Armée du Salut si ça me chantait !

Johanna répliqua qu'elle avait seulement tenté de sauver sa peau la fois précédente et que, à présent, elle voulait la sauver une seconde fois. Son identité et celle du réceptionniste devaient à tout prix rester secrètes.

— Écoute, nous ne pouvons pas entrer en disant : « Bonjour, voici un peu d'argent pour vous. » Il y a peut-être des caméras de surveillance, il suffit même que quelqu'un nous prenne en photo avec son téléphone, et ensuite, hop !, il appelle la police. J'ai encore un tas de raisons à te donner si tu me laisses quelques se…

Le pasteur n'eut pas le temps d'élaborer d'autres hypothèses. Dédé le Meurtrier ouvrit la valise jaune, empoigna deux grosses liasses de billets et sortit du camping-car.

— À tout de suite.

Le réceptionniste et le pasteur crurent distinguer quelque agitation de l'autre côté de la vitrine, mais difficile à dire… Un client venait-il de lever les bras en l'air ? Un bruit de verre brisé retentit jusque dans la rue…

Nul ne suivit Dédé quand il ressortit du local, trente secondes plus tard. Sautant dans le camping-car avec une agilité étonnante pour son âge, il referma la porte et suggéra au réceptionniste de démarrer au plus vite.

Per Persson jura, tourna à gauche, à droite, encore à gauche, coupa à travers un rond-point, un deuxième, un troisième (il y en a beaucoup à Växjö), emprunta la deuxième sortie au quatrième, puis au cinquième, et poursuivit tout droit, loin de la ville, avant de bifurquer à gauche sur un chemin forestier, de nouveau à gauche et encore à gauche.

Enfin, il s'arrêta dans une clairière dans un bois smålandais apparemment désert. Personne ne semblait les avoir poursuivis. Le réceptionniste n'en était pas moins furieux.

— Est-ce qu'on vote pour évaluer la stupidité de ton idée sur une échelle de un à dix ? cracha-t-il.

— Combien il y avait dans les liasses ? s'enquit Johanna.

— Je sais pas, répondit Dédé. Je fais confiance à Jésus pour avoir choisi la bonne somme pour moi.

— Jésus ? fit le réceptionniste courroucé. S'il arrive à changer l'eau en vin, tu ne crois pas qu'il est capable de créer de l'argent sans nous plumer ? Tu lui diras de ma part que…

— Allons, allons ! le calma sa chérie. Nous nous en sommes tirés. Mais je pense aussi que l'ancien meurtrier peut-être un tantinet cinglé aurait pu adopter une autre attitude du début à la fin. Et maintenant, raconte-nous ce qui s'est passé dans la boutique.

— Un tantinet cinglé ? répéta Dédé.

Il détestait ne pas comprendre, mais préféra s'intéresser à cette nouvelle information : Jésus changeait l'eau en vin. Il se demanda si un jour sa foi serait suffisante pour y parvenir aussi.

Après l'incident de la Croix-Rouge, ils se conten-
tèrent de contourner le lac de Helgasjön par l'est
et de poursuivre vers le sud. Le brunch se com-
posa de charcuterie de station-service et de purée
en sachet. La route fut calme jusqu'aux abords de
Hässleholm dans le nord de la Scanie, où Dédé le
Meurtrier signala qu'il était temps de trouver un
magasin de spiritueux : le manque de vin lui permettant de maintenir le contact avec Jésus commençait à
se manifester. Le quinquagénaire avait bien tenté de
transformer la bouteille d'eau minérale trouvée dans
le camping-car, mais, nom de Dieu, ça n'avait pas
fonctionné. C'est en forgeant qu'on devient forgeron,
dit le proverbe.

Au volant, Johanna n'apprécia guère la requête du
meurtrier, elle aurait voulu s'éloigner encore un peu
de la débâcle de Växjö avant toute tentative dans un
autre centre-ville. Néanmoins, elle obtempéra. Déjà
qu'en soi la compagnie de Dédé n'était pas un cadeau,

mais devoir le supporter sobre, c'était à se taper la tête contre les murs.

Le réceptionniste ne protesta pas non plus, pour des raisons similaires. Le meurtrier reçut l'ordre de se cacher au fond du petit camping-car (à l'endroit où, on ne sait pourquoi, il avait débité un monologue à une bouteille d'eau) pendant que Per Persson effectuait le court trajet vers les portes de la galerie commerciale où se trouvait le magasin recherché.

— J'en ai pour un instant, promit Per. Et toi, tu ne bouges pas d'ici ! Qu'est-ce que tu veux comme vin, au fait ?

— N'importe quoi, du moment que c'est rouge et que ça a du goût. Jésus et moi, on n'est pas difficiles. Pas la peine de gaspiller de l'argent en vin de messe, il faut penser à ceux qui...

— Oui, oui, l'interrompit Per Persson en s'éloignant.

Dédé le Meurtrier avait appris quelques semaines plus tôt que les voies du Seigneur sont impénétrables. Par la fenêtre latérale du camping-car, il put constater l'incroyable véracité de cette expression. Là, à moins de cinq mètres de lui, se tenait une femme arborant l'écusson de l'Armée du Salut. Une tirelire à la main, en position stratégique devant le magasin de spiritueux très fréquenté, elle ne semblait pas avoir beaucoup de succès.

Au volant, Johanna Kjellander, perdue dans ses pensées, ne se doutait pas du danger. Sans bruit, Dédé le Meurtrier attrapa une poignée de billets à peu près aussi grosse que précédemment, la glissa dans le sac en plastique de la station-service et entrouvrit lentement la porte du camping-car. Puis, à grands gestes, il attira l'attention de la soldate du Salut qui, par chance, ne reconnut pas l'homme le plus dangereux de Suède. Lorsqu'elle comprit que les signes de Dédé lui étaient adressés, elle franchit les quelques mètres qui les séparaient. Dédé lui chuchota par la porte entrouverte des remerciements pour son travail au service du Seigneur et lui tendit le sac.

Il trouva à la volontaire un air épuisé et décida de l'encourager.

— Repose en paix, dit-il gentiment, mais un peu trop haut, avant de refermer la porte.

« Repose en paix » ? Se retournant brusquement, Johanna Kjellander s'étrangla une première fois à la vue de Dédé la main sur la poignée, une deuxième quand une femme d'un âge avancé chancela en découvrant la somme d'argent et une troisième quand la soldate bouscula Per qui revenait avec deux sacs de vin.

Les bouteilles résistèrent au choc. Le réceptionniste présenta ses excuses et s'enquit de l'état de santé de la volontaire.

C'est alors que la voix de Johanna lui parvint de la fenêtre droite du camping-car :

— Oublie la vieille et monte. L'imbécile a remis ça !

À très exactement cinq cents kilomètres au nord-est de Hässleholm, un vendeur de voitures était en pleine conversation avec sa compagne. Comme la majorité du pays, ils avaient lu les articles sur le meurtrier qui avait escroqué la pègre.

L'homme et sa pire moitié appartenaient au nombre des clients floués et étaient sans doute les plus rancuniers – un trait de caractère qu'ils partageaient et qui était amplifié ici par le fait que, en plus de l'argent, un camping-car leur avait été volé.

— Que dirais-tu de le transformer en puzzle, une pièce à la fois, en commençant par le bas ? suggéra celui qu'on appelait le comte dans le milieu du crime.

— Tu veux dire : le découper très lentement alors qu'il est encore vivant ? demanda sa comtesse.

— À peu près.

— Je suis partante. Mais seulement si je peux le découper aussi.

— Naturellement, ma chère. Il ne nous reste plus qu'à le retrouver.

DEUXIÈME PARTIE

UNE DEUXIÈME ENTREPRISE PAS COMME LES AUTRES

22

À la suite des incidents de la Croix-Rouge et de l'Armée du Salut, le pasteur bifurqua vers le nord. Après Växjö et Hässleholm, Malmö semblerait l'étape suivante logique à leurs éventuels poursuivants, aussi le trio choisit-il la direction opposée.

Dédé le Meurtrier ronflait à l'arrière sur un matelas étendu par-dessus les deux valises quand Johanna s'engagea sur une aire de repos près d'un lac. Coupant le moteur, elle désigna un barbecue au bord de l'eau en contrebas.

— Réunion de crise, proposa-t-elle à voix basse pour ne pas réveiller Dédé.

Le réceptionniste acquiesça. Ils songeaient tous deux qu'ils auraient pu passer un moment très agréable si la situation n'avait pas été si désagréable.

— Je déclare la séance ouverte, chuchota Johanna.

— Ouverture acceptée, souffla Per. Et je déplore l'absence de certains. Quel est l'ordre du jour ?

— Une seule question : comment nous débarrasser

de la calamité endormie dans le camping-car sans sacrifier nos vies ? En nous assurant que l'argent reste le nôtre et n'aille pas à Dédé. Ni à la City Mission, ni à Save the Children, ni à la première association caritative venue.

Ils envisagèrent d'abord de confier à un assassin la mission de supprimer le leur. Mais un bon nombre de personnes capables de leur indiquer un spécialiste avaient été récemment escroquées par le pasteur et le réceptionniste au nom de Dédé...

Engager un tueur pour tuer leur tueur était trop risqué. Et niveau moralité, c'était limite. Johanna Kjellander trouva alors la solution la plus simple : prendre la poudre d'escampette dès que Dédé le Meurtrier sortirait du camping-car pour se soulager contre un arbre.

— Et nous serions débarrassés de lui, commenta Per.

— Et nous garderions l'argent ! ajouta Johanna.

Trop facile ! Ils auraient d'ailleurs pu y penser à Växjö, devant le local de la Croix-Rouge, quand Dédé était descendu du véhicule en lançant « À tout de suite ! ». Le couple avait disposé de près d'une minute pour reprendre ses esprits... et décamper.

Et c'était maintenant, neuf heures plus tard, qu'ils s'en rendaient compte !

La réunion s'acheva. Les participants décidèrent à l'unanimité de ne pas se montrer trop hâtifs. Ils adopteraient un profil bas pendant trois jours afin de prendre connaissance des déclarations des médias au sujet des incidents de Växjö et de Hässleholm. Dédé avait-il terrorisé la population, leurs propres identités étaient-elles toujours secrètes et, surtout, recherchait-on activement leur camping-car ?

Ils agiraient ensuite sur la base des renseignements récoltés, dans le but clair et précis de mettre le plus de kilomètres possible entre eux-mêmes et les valises d'une part, et le ronfleur d'autre part.

Sur l'aire de repos, ils resteraient invisibles depuis la route et se ravitailleraient dans une station-service à deux kilomètres de là. Le réceptionniste offrit d'y aller lui-même à pied pendant que le pasteur s'assurerait que Dédé ne parte pas en vadrouille dans la forêt pour y trouver un quidam sur un sentier et lui offrir, allez savoir, un ou deux millions de couronnes.

Les dons financiers de Växjö et Hässleholm furent
d'abord classés comme des crimes et, vu l'identité de
leur auteur, l'homme le plus dangereux de Suède, éti-
quetés prioritaires.

Les policiers des deux villes, qui collaborèrent dans
cette affaire, saisirent quatre cent soixante-quinze mille
couronnes à la Croix-Rouge et cinq cent soixante mille
à l'Armée du Salut.

La filiale de Växjö était une boutique qui recevait
des dons matériels, revendait les objets et redistribuait
ses recettes aux endroits les plus pauvres de la planète.
Le jour de l'incident, deux vendeuses et autant de
visiteurs étaient présents dans le local quand le fameux
Dédé avait poussé la porte, le regard menaçant. C'était
du moins l'impression qu'avait eue une cliente, qui,
avec un cri strident, avait tenté, pour s'enfuir, de traverser une étagère remplie de porcelaines. Les deux
vendeuses avaient levé les mains en l'air en signe de
reddition. Mais le second client, un dénommé Hen-

riksson, lieutenant retraité de longue date de l'ancien régiment de Kronoberg, dix-huitième compagnie, s'était emparé d'un balai-brosse à quarante-neuf couronnes en guise d'arme.

Dédé le Meurtrier les salua d'un « La paix soit avec vous » qui n'eut pas l'effet escompté. Déposant une grosse liasse de billets sur la caisse, devant les vendeuses qui tendaient toujours les bras au-dessus de la tête, il avait ensuite émis le vœu qu'elles utilisent ces mêmes bras, et surtout leurs mains, pour accepter ce don d'argent au nom de Jésus. Enfin, il leur avait souhaité une bonne journée et était reparti comme il était venu. Peut-être avait-il lancé « Hosanna » depuis le pas de la porte. Les deux vendeuses n'étaient pas d'accord sur ce point : l'une d'elles affirmait que le meurtrier avait simplement éternué. Sur ce, le criminel était monté dans un fourgon blanc ou quelque chose d'approchant, mais seule sa collègue semblait avoir entrevu le véhicule. Les autres témoins s'étaient tournés vers la femme sous le monceau de porcelaine brisée, qui essayait de ramper sous l'étagère en gémissant « Ne me tuez pas, ne me tuez pas... ».

La scène s'était déroulée si vite que nul ne put attester la présence d'un camping-car blanc. En revanche, les quatre occupants de la boutique avaient reconnu Dédé le Meurtrier. Le lieutenant retraité Henriksson déclarait à qui voulait l'entendre qu'il se serait battu avec l'assaillant si nécessaire et que l'intéressé avait peut-être senti sa détermination, raison·pour laquelle il avait tourné les talons sans commettre son crime et en abandonnant tout l'argent.

L'autre cliente ne put être interrogée ni par la police ni par les médias. Convaincue d'avoir survécu à une tentative d'homicide par le pire tueur de Suède, elle était entrée à l'hôpital, où elle tremblait de tout son corps. « Attrapez ce monstre ! » parvint-elle toutefois à lancer au reporter du *Smålandsposten* qui s'était égaré dans le service où elle se trouvait, avant d'être doucement refoulé par l'infirmière de garde.

Après un entretien préliminaire avec la police, les vendeuses reçurent du service de presse du bureau national de la Croix-Rouge à Stockholm l'interdiction de parler aux médias ou à qui que ce soit. Quiconque voulait savoir comment les deux femmes avaient affronté la situation devait prendre contact avec l'attachée de presse qui s'était trouvée à quatre cent soixante-dix kilomètres de là au moment des faits. Cette dernière avait reçu la consigne de ne rien dire qui risquerait d'entacher l'image de l'association. Ce qui, quand elle se retrouvait à répondre aux médias, donnait à peu près ceci :

Question : Qu'ont raconté les vendeuses de leur rencontre avec Dédé le Meurtrier ? Était-il menaçant ? Ont-elles eu peur ?

Réponse : Suite aux récents événements, nous adressons toutes nos pensées aux centaines de milliers de personnes dans le monde qui requièrent et reçoivent l'aide de la Croix-Rouge.

Dans le cas de la soldate du Salut, les témoignages étaient plus nombreux et détaillés. Dans la localité ferroviaire de Hässleholm, où l'on voyait plus de trains partir qu'arriver, les habitants, politiciens et journalistes s'impliquèrent encore plus dans les incroyables événements de la galerie marchande.

Les passants qui avaient assisté à la scène depuis le trottoir devant le magasin de spiritueux ne rechignèrent pas à se laisser interroger par les médias et la police. Une blogueuse publia un billet où elle déclarait avoir sans doute empêché un massacre lorsque, tournant au coin de la rue, elle avait effarouché le criminel. Une fois convoquée par les autorités, tout ce qu'elle put affirmer était que Dédé le Meurtrier et ses complices avaient disparu à bord d'une Volvo rouge.

Le témoignage le plus fiable venait d'un passionné de camping-cars qui s'était trouvé par hasard tout près de la soldate du Salut. Il était prêt à jurer avoir vu une femme au volant d'un Elnagh Duke 310 année 2008, mais n'avait pas grand-chose à dire sur la présumée complice, mis à part que les modèles actuels étaient équipés d'un airbag conducteur. Les reporters locaux avides et les policiers découragés eurent beau le questionner, ils apprirent uniquement qu'elle « ressemblait à n'importe quelle femme » et que, fait étrange, les jantes n'étaient pas d'origine.

Le maire ouvrit une cellule d'urgence médico-psychologique à l'hôtel de ville. Les citoyens qui se sentaient touchés par les ravages de Dédé le Meurtrier dans la commune y étaient les bienvenus. Il avait convoqué lui-même deux médecins, une infirmière et un psychologue de ses amis. Quand personne ne se présenta, il flaira un fiasco politique, aussi se rendit-il en personne chez la volontaire de l'Armée du Salut. Alors en pleine élaboration d'une purée de rutabagas, celle-ci refusa d'aller où que ce soit, mais vu toutes les considérations à prendre en compte, son avis ne fut pas pris en considération.

Les médias purent ainsi mentionner la cellule d'urgence, la victime choquée qui y avait reçu l'aide nécessaire pour reprendre une vie aussi normale que possible, et le respect du secret avancé par le maire quand on lui demanda combien de citoyens avaient été accueillis.

La vérité, à savoir que la volontaire n'était absolument pas choquée mais juste affamée, ne parvint jamais aux oreilles du public.

24

Le troisième jour, le vent commença à tourner.
D'abord, la police annonça que l'enquête criminelle
contre Johan Andersson était close. Le donateur de
plus de un million de couronnes avait certes un casier
judiciaire, mais il avait expié ses crimes et n'avait pas
de dettes auprès du fisc. De plus, nul ne revendiqua
l'argent et la police ne trouva aucune piste reliant
les billets à des crimes antérieurs. La Croix-Rouge et
l'Armée du Salut récupérèrent leurs couronnes. Il n'y
avait rien d'illégal, même pour un meurtrier, à faire
des dons caritatifs par-ci par-là.

Certains témoignages décrivaient Johan Andersson,
ou du moins son regard, comme menaçant. Seule la
volontaire de l'Armée du Salut maintint le contraire :
Dédé le Meurtrier avait de beaux yeux et sans aucun
doute un cœur d'or. Elle refusa de voir une menace
dans le « Repose en paix » lancé en guise d'adieu.
L'enquêteur chargé de l'affaire marmonna à part soi
qu'elle avait sans doute raison et ferma le dossier.

— Toi aussi, repose en paix, dit-il au classeur avant de l'ajouter aux archives au sous-sol du commissariat.

Au cours de ces trois jours, quelqu'un eut l'idée de créer une page de soutien à Dédé le Meurtrier sur Facebook. À la fin de la journée, elle comptait douze abonnés. Le lendemain soir, soixante-neuf mille. Et le troisième jour, elle dépassa le million avant l'heure du déjeuner.

La population semblait avoir compris à peu près en même temps que les tabloïds l'*Expressen* et *Aftonbladet* ce qui se passait : un meurtrier avait rencontré le Christ et, inspiré par sa nouvelle foi, avait escroqué la pègre pour distribuer l'argent aux nécessiteux. Comme Robin des Bois mais en mieux, décida la nation entière (à l'exception d'un comte, d'une comtesse et de quelques citoyens des zones les plus glauques de Stockholm et des environs). « Un miracle de Dieu ! » pensèrent en outre un nombre non négligeable de croyants, enchantés par l'émergence sur Facebook d'un mouvement alternatif d'inspiration biblique.

— Je pense que cet homme au terrible surnom fait preuve de courage, de force et de générosité. J'espère qu'un jour il accordera une petite pensée aux enfants démunis, déclara Sa Majesté la reine, en direct, lors d'un gala télévisé.

— Tu te paies ma tête, répondit le réceptionniste quand Johanna Kjellander lui annonça que l'épouse du chef de l'État avait suggéré entre les lignes à Dédé le Meurtrier d'envoyer un demi-million de couronnes à Save the Children et à sa propre World Childhood Foundation.

— T'as vu, t'as vu ? lança Dédé au pasteur. La reine me parle, tu te rends compte ? Comme on dit, les voies du Seigneur sont impé… Comment ça s'appelle, déjà ?

— … nétrables, compléta la jeune femme. En voiture, vous deux ! On y va.

— Où ? s'enquit Per.

— J'sais pas.

— Peut-être qu'on nous accueillerait au château, avança Dédé. C'est pas la place qui manque.

25

Aux abords de Borås, Johanna Kjellander se gara
sur une aire de repos suffisamment déserte avec l'intention de discuter de l'indispensable changement
de véhicule. C'est alors que le pasteur et le réceptionniste eurent l'occasion de se débarrasser de leur
encombrant passager avec un taux de réussite égal
à cent pour cent.

À peine à l'arrêt, Dédé bondit du camping-car.

— Haaaa ! soupira-t-il en s'étirant. Ma parole, je
crois que je vais aller faire un tour dans le joyau de
la Création !

Jésus avait donné son approbation et signalé que, le
temps étant maussade, son disciple ferait bien d'emporter de quoi se réchauffer. Une bouteille de pinot
noir, par exemple. Même s'il était trop froid.

— Je vais me balader une petite demi-heure. Ou
plus si je trouve des *Boletus edulis* – des cèpes de
Bordeaux – en chemin. Je dis ça, histoire que vous le
sachiez, si jamais vous aviez envie de faire crac-crac

en attendant, ajouta Dédé, glissant la bouteille dans sa poche arrière.

Quand il fut hors de vue et de portée de voix, Johanna se tourna vers Per Persson.

— Qui lui a appris le nom latin du cèpe de Bordeaux ?

— Pas moi, je ne le savais pas. Et qui ne lui a pas dit que ça ne pousse pas en avril ?

La jeune femme resta un instant songeuse, puis répondit :

— Je ne sais pas. Je ne sais plus rien du tout.

Leur plan prévoyait de profiter de la première occasion pour creuser l'écart entre eux et le cueilleur de champignons.

La conversation du couple était empreinte de lassitude. Ou de résignation. Mêlées à un léger parfum de...

Quoi, au juste ?

De possibilités ?

Devaient-ils vraiment fuir aussi vite que le camping-car le permettait alors que l'individu le moins plaisant de Suède avait accédé en l'espace de deux jours au statut de personnage le plus désiré ?

En bref, ils arpentaient à présent le pays en compagnie d'un homme aussi populaire qu'Elvis Presley !

— Sauf qu'Elvis est mort, précisa Per.

— Je l'avoue, je me suis dit plusieurs fois que

l'existence serait plus tranquille si Dédé allait lui tenir compagnie, renchérit Johanna. En emmenant avec lui la majorité de l'humanité, de préférence. Hélas, on ne peut pas tout avoir.

Garder Dédé le Meurtrier sous leur aile était un risque considérable. Mais quand on aime l'argent, on ne largue pas le nouvel Elvis comme un chien au bord d'une route.

— Nous attendons que l'idiot revienne de sa balade, puis je suggère de commencer par un détour à Borås, pour acheter un camping-car plus grand et aussi dif-férent que possible de celui-ci, déclara Per.

La jeune femme approuva. Et elle émit une propo-sition complémentaire :

— Ou bien nous commençons par faire ce qu'il suggérait.

— Qui ?

— Le cueilleur de champignons.

— Tu veux dire… crac-crac ?

Il avait bien compris.

26

Johanna Kjellander et Per Persson entrèrent main dans la main chez le principal (et sans doute unique) concessionnaire de camping-cars de Borås. Ils s'appelèrent mutuellement « chéri » et « mon amour » devant le vendeur et produisirent dans l'ensemble une impression authentique. Dédé, quant à lui, se cachait deux rues plus loin dans le véhicule qui avait fait son temps. Il n'avait pas trouvé de champignons, mais il avait une bible et une bouteille de vin pour compagnie.

Le pasteur et le réceptionniste optèrent pour un Hobby Sphinx 770. La perspective d'une chambre indépendante avait particulièrement compté dans leur choix de ce modèle.

Le prix de six cent soixante mille couronnes ne posait pas de problème. Ou plutôt si :

— En espèces ? répéta le vendeur d'un air abattu.

Dans ce genre de situations, Johanna Kjellander excellait. Dénouant l'écharpe qui dissimulait son col de pasteur, elle demanda ce qu'il y avait de mal à payer comptant. Pas plus tard que la veille, la police avait restitué l'argent liquide que ce Dédé le Meurtrier (Dieu le bénisse !) avait offert à la Croix-Rouge et l'Armée du Salut.

Le vendeur, auquel le scoop national numéro un n'avait pas échappé, concéda d'un ton hésitant que le pasteur n'avait pas tort. Mais six cent soixante mille couronnes ?

Si le montant était trop élevé, le pasteur ne s'opposerait pas à une somme plus modeste. La différence irait intégralement aux missions internationales de l'Église de Suède.

— D'ailleurs, elle accepte elle aussi les versements en espèces. Mais si vous ne voulez pas nous vendre de véhicule afin que nous continuions notre lutte contre la faim dans le monde, nous chercherons ailleurs.

Johanna le salua de la tête, prit le bras de son réceptionniste et fit mine de tourner les talons.

Dix minutes plus tard, toute la paperasserie remplie, Johanna Kjellander et Per Persson prirent possession de leur nouveau camping-car. Le réceptionniste put enfin poser la question qui le tarabustait :

— Quelle lutte contre la faim dans le monde ?

— J'ai improvisé. Et puis, je commence à avoir un creux. On fait un arrêt au McDrive ?

Les gens qui espéraient rencontrer la dernière idole nationale (et ils étaient nombreux !) ouvraient à présent l'œil au passage du moindre camping-car. Ceux qui avaient retenu les explications du témoin de Häss-leholm s'exclamaient : « C'est un Elnagh Duke 310 année 2008 qui vient de passer, non ? Et les jantes ? Elles sont d'origine ou pas ? »

Prochaine tâche à l'ordre du jour pour le trio : se débarrasser des connaisseurs accrochés à leurs basques en abandonnant le véhicule du comte.

Mais pour les joyeux amateurs, un camping-car reste un camping-car, et le pasteur, le réceptionniste et le héros du peuple, malgré l'échange, demeuraient la cible constante des regards curieux des passants. Était-ce Dédé le Meurtrier sur le siège passager ? Était-ce une femme (qui, d'après le même témoin, ressemblait à n'importe quelle femme) au volant ?

Il fallait donc que l'opération se fasse avec éclat et, par sûreté, à distance respectable de Borås.

Après un passage par un McDrive, une escale sans encombre dans un magasin de spiritueux, puis une halte à une station-service pour remplir respective-ment leurs estomacs et le réservoir d'essence, le trio reprit la route du nord-est. Le plan du lendemain était limpide.

Depuis l'hommage de la reine, Dédé le Meurtrier parlait sans relâche de faire un nouveau don de cinq cent mille couronnes au nom de Jésus. Cette fois-ci, pour les enfants. Le pasteur et le réceptionniste avaient finalement accepté, non pas dans l'intérêt desdits enfants, mais en raison du cadre choisi. En l'occurrence le siège central de Save the Children, à Sundbyberg, dans le nord du comté de Stockholm.

Au bout de quelques répétitions, Dédé le Meurtrier déclara avoir compris la marche à suivre. Après trois de plus, le pasteur et le réceptionniste commencèrent à le croire. Ils n'avaient plus qu'à y aller.

Per s'installa au volant du véhicule du comte et Johanna à celui de la nouvelle acquisition, Dédé et sa bible à l'arrière.

À mi-chemin, l'équipage s'arrêta pour la nuit. Dédé se coucha dans un camping-car, le pasteur et le réceptionniste prirent leurs quartiers dans l'autre et avant de s'endormir… eh bien, il faut profiter des occasions.

Dédé le Meurtrier passait de nombreuses heures à feuilleter sa bible. Il rassemblait en particulier des citations illustrant la générosité. Effectuer des dons l'avait empli d'une félicité ravivée par la gratitude qu'on lui témoignait dans les journaux et sur les réseaux sociaux.

La nuit céda la place au matin et l'heure vint de reprendre la route de Sundbyberg. En rejoignant le véhicule où se trouvait Dédé, Johanna trouva le meurtrier déjà réveillé et absorbé par l'Exode.

— Bonjour, mon Jésus en herbe ! J'espère que tu n'as pas oublié notre plan.

— Je te dis pas la raclée que tu te serais prise pour ce surnom, il y a quelques semaines ! rétorqua Dédé. Non, je n'ai pas oublié. Mais je veux écrire moi-même la lettre pour Save the Children.

— Alors ne traîne pas. Le livre que tu bouquines date de plusieurs milliers d'années et la fin ne risque pas de changer.

Johanna Kjellander s'en voulut de son irritation. C'était idiot d'énerver le converti ! Seulement… elle avait des excuses. Il n'était pas prévu que le meurtrier fasse partie de son avenir. Et s'il n'avait pas été là, Per et elle auraient pu se déplacer incognito.

Mais voilà, ils ne pouvaient rien y changer, ils devaient donc se résoudre à tirer parti de la nouvelle situation. La métamorphose du meurtrier en héros le plus idolâtré de Scandinavie était un moteur qui pouvait mener à de bons résultats, c'est-à-dire de l'argent, dans la petite guerre du pasteur et du réceptionniste contre l'humanité.

Mais toute guerre (y compris celles contre l'existence) exige des soldats, plus utiles s'ils sont de bonne humeur.

— Pardon, dit le pasteur à Dédé qui s'était déjà attelé à la rédaction de son message.

— Pardon pour quoi ? demanda le meurtrier sans lever les yeux.

— Pour ma mauvaise humeur.

— Tu étais de mauvaise humeur ? Ah bon ! J'ai terminé la lettre. Je te la lis ?

Bonjour, Save the Children. Au nom de Jésus, je vous fais don de cinq cent mille couronnes pour que vous n'ayez plus peur. Alléluia ! Exode 21.2.
De la part de Dédé le Meurtrier.
P-S. Et maintenant, je me sauve dans ma Volvo rouge.

Johanna ouvrit la bible de Dédé et lui demanda ce qu'il voulait dire par : « Quand tu achèteras un serviteur hébreu, il servira six années ; la septième, il pourra sortir libre, gratuitement. »

Dédé expliqua qu'il avait choisi ce passage à cause de l'affranchissement gratuit. Le pasteur n'y voyait-elle pas une certaine générosité ?

— Après six ans d'esclavage ?

— Oui.

— Non !

La lettre était un peu débile, voire complètement, mais la jeune femme n'avait pas envie de se chamailler avec l'épistolier. La mention de la Volvo, ajouta Dédé, devait faire abandonner aux gens la piste du camping-car.

Johanna répondit qu'elle avait compris.

Leur destination atteinte, le pasteur gara le véhicule du comte en mordant sur le trottoir, juste devant l'entrée de Save the Children, 39 route Landsvägen, Sundbyberg, et déposa sur le siège du conducteur un paquet portant la mention « Pour Save the Children ». À l'intérieur, la lettre de Dédé ainsi que quatre cent quatre-vingt mille couronnes (le meurtrier avait mal compté).

Tandis que Johanna Kjellander et Per Persson attendaient au coin de la rue dans le véhicule qui ne devait à aucun prix être associé à Dédé, celui-ci pénétra dans le bâtiment, prit l'ascenseur et fut accueilli par une femme sympathique qui ne l'identifia pas sur-le-champ.

— La paix soit avec vous, la salua-t-il. Je m'appelle Dédé le Meurtrier, bien que j'aie arrêté les meurtres et ne fasse pas de bêtises, sauf par accident. À la place, je donne de l'argent pour de bonnes causes au nom de Jésus. Je pense que Save the Children en est une et je voudrais vous offrir cinq cent mille couronnes. En fait, j'aurais aimé apporter plus, mais quand même, c'est déjà pas de la merde ! Excusez mon langage, on apprend beaucoup de gros mots en taule. J'en étais où ? Ah oui ! L'argent est dans mon camping-car garé devant chez vous... Enfin, ce n'est pas mon camping-car, le propriétaire s'appelle le comte... En réalité, c'est son petit nom... Vous pouvez lui rendre son véhicule si ça vous chante, mais gardez l'argent. Voilà, c'est tout ! Je n'ai plus qu'à vous souhaiter une glorieuse journée au nom de Jésus... Hosanna !

Dédé acheva son monologue avec un pieux sourire et reprit l'ascenseur, tandis que la femme derrière le comptoir restait sans voix.

Le chien de détection de la police décela une heure et demie plus tard que le paquet était inoffensif.

Pendant ce temps, les policiers tentèrent avec beaucoup d'égards d'apprendre de la secrétaire prise de vertiges ce qu'avait dit Dédé le Meurtrier en dehors d'« Hosanna ».

« Dédé le Meurtrier a encore frappé ! » clamaient de nouveaux gros titres sans que nul ne se méprenne sur le sens de cette phrase. Tout le monde était au courant : un meurtrier en cavale distribuait de l'argent aux nécessiteux au lieu de les massacrer.

Encore une opération de com réussie ! Abstraction faite de l'erreur de calcul de la part de Dédé. L'association s'était réjouie.

La patience de la police envers la secrétaire avait porté ses fruits : au bout de quelques heures, elle avait réussi à répéter grosso modo les paroles de Dédé, y compris celles concernant le propriétaire du camping-car, un comte qui n'en était pas un. Cette information, également rapportée par les journaux, conduisit non seulement à la restitution du véhicule (qui appartenait officiellement à l'un des points de vente de la comtesse), mais aussi à la réouverture d'un dossier fiscal dormant par un fonctionnaire qui identifia le comte et lui signifia qu'il devait un million soixante-quatre mille couronnes au Trésor public.

— On avait parlé de le découper lentement de bas en haut, pas vrai ? lança le comte.

— Oui, renchérit la comtesse. Très lentement.

Vu les circonstances, Johanna Kjellander était satisfaite de la tournure des événements. Pendant que le nouvel Elvis, le réceptionniste et elle poursuivaient leurs errances dans le second camping-car, les admirateurs du héros recherchaient une Volvo rouge. Une blogueuse de Hässleholm perdit toute mesure et se campa devant le poste de police local, où elle cria « Une Volvo rouge ! Je viens de voir une Volvo rouge ! » jusqu'à ce qu'on la chasse avec un chien.

Johanna réfléchit à la meilleure manière de récolter les fruits de l'immense popularité du meurtrier. Elle proposa un plan à son alter ego.

— Fonder une Église ? Au nom de Dédé ? répéta le réceptionniste. L'Église Saint-Dédé-le-Meurtrier ?

— Oui, mais sans la mention du meurtrier. Ça risque d'envoyer un mauvais signal.

— Pourquoi une Église ? Je croyais que ton but – comme le mien – était de détester le plus grand nombre de choses possible, y compris Dieu, Jésus et cette situation.

La jeune femme marmonna qu'elle trouvait difficile de détester ce qui n'existait pas, mais qu'en dehors de ça, Per avait raison.

— Ce sera notre gagne-pain, expliqua-t-elle. Tu as déjà entendu parler de la quête ? Elvis est de retour. Et il aime offrir de l'argent. Qui n'aurait pas envie d'imiter Elvis ?

— Moi ?

— Qui d'autre ?

— Toi ?

— Qui d'autre ?

— Pas grand monde.

27

Pour fonder une Église, il ne suffit pas d'acheter un local. Pas en Suède. Dans ce pays épargné par la guerre pendant plus de deux siècles, on a eu tout le temps de réglementer la plupart des aspects pacifiques de l'existence.

Il y a par exemple des dispositions claires pour le cas où une personne touchée par une révélation divine décide de la diffuser de façon structurée.

Johanna Kjellander savait que les créations de communautés religieuses étaient du ressort de l'Agence nationale des services juridiques, financiers et administratifs. Le trio n'ayant pas d'autre adresse que leur camping-car, elle décida de se rendre elle-même auprès des services, rue Birger-Jarlsgatan, au centre de Stockholm.

Elle salua l'administrateur d'un signe de tête avant d'annoncer qu'elle avait vu la lumière et souhaitait fonder une congrégation.

L'homme d'un âge certain avait traité nombre de

cas d'illuminations au cours de ses dix-huit ans à ce poste, mais jamais encore il n'avait reçu d'illuminé en personne.

— Pas de problème. Il vous suffit de remplir ces quelques formulaires. À quelle adresse dois-je les envoyer ?

— Pourquoi les envoyer ? Je me tiens devant vous, comme le Seigneur le dit peu ou prou dans le Lévitique.

L'administrateur, qui se trouvait être organiste de l'Église de Suède et doué d'une bonne mémoire, rétorqua que le Lévitique disait aussi que quiconque désobéissait aux commandements du Seigneur serait frappé de terreur, de consomption, de fièvre et d'autres malheurs. De cécité, s'il se souvenait bien.

Le Seigneur n'ordonnait cependant pas d'envoyer les formulaires par la poste et puisque, pour la première fois, le destinataire était venu en personne, rien ne s'opposait à ce que les documents lui soient remis en main propre.

Le pasteur, avec sa vivacité coutumière, profita de ce bref instant de réflexion pour changer d'approche.

— J'ai oublié de me présenter. Je suis Johanna Kjellander, ancien ministre du culte. Pendant l'exercice de mes fonctions, j'étais censée être le pont entre le terrestre et le divin, mais j'avais en permanence conscience de mes limites. À présent, j'ai trouvé le pont. Le vrai !

L'administrateur ne se laissa pas impressionner. La visite personnelle d'un demandeur constituait certes une première, mais il avait quasi tout vu au fil des ans, y compris une communauté qui avait voulu enregistrer sa conviction que le divin trouvait sa source dans un moulin à vent au nord-ouest du Värmland. Ses deux derniers fidèles étaient morts de froid pendant l'hiver et le contenu supposé du moulin ne les avait pas secourus.

Fait notable, les futurs défunts avaient une charte, un bureau et un objectif clair. Ils tenaient des réunions de prière et de méditation devant le moulin chaque dimanche à 15 heures. L'Agence n'avait eu aucune raison de rejeter leur demande. Se recueillir une fois par semaine par des températures de moins douze à moins dix-huit degrés sous un mètre cinquante de neige relevait d'une dévotion assez ardente.

Le fonctionnaire décida finalement que le règlement l'autorisait non seulement à retourner en main propre les formulaires qu'il avait déjà sortis de leur tiroir, mais aussi à faciliter les démarches de Johanna.

Il remplit lui-même tous les champs obligatoires, posa les questions nécessaires de façon à obtenir les réponses convenables et communiqua au pasteur les règles sur la dénomination de la communauté. Leur activité devait se distinguer de celle d'autres congrégations et ne pas constituer d'entrave aux bonnes mœurs et à l'ordre public.

— Au regard de ces critères, quel nom pensez-vous donner à votre communauté ?

— L'Église d'André. En l'honneur de notre guide.

— Ah oui, très bien. Quel est le patronyme du prénommé André ?

— Il ne s'appelle pas André, mais Johan. Johan Andersson.

L'administrateur, qui lisait tous les soirs son quotidien sur le chemin de son domicile, releva la tête et demanda avec naturel (et un léger manque de professionnalisme) :

— Dédé le Meurtrier ?

— C'est un sobriquet qu'il utilise en certaines occasions. Le saint homme en a de nombreux.

L'administrateur se racla la gorge, présenta ses excuses pour son indiscrétion et dit en hochant la tête que ce dernier qualificatif était parfaitement mérité.

Il annonça ensuite le montant des frais d'inscription – cinq cents couronnes –, à payer de préférence par virement bancaire.

Johanna Kjellander lui fourra un billet de cinq cents couronnes dans la main, saisit les formulaires cachetés en le remerciant pour la qualité du service rendu et rejoignit le camping-car.

— Monsieur le prédicateur André ! lança-t-elle en montant. Vous avez besoin de nouveaux vêtements !

— Et d'une église ! ajouta le réceptionniste.

— Mais d'abord d'un peu de vin de messe, hein ? s'enquit le nouvel homme d'Église.

28

Le pasteur et le réceptionniste avaient beaucoup à organiser dans les plus brefs délais.

À Johanna incombait d'élaborer un message fort et de préparer le prédicateur André à le dispenser. La tâche ne serait pas de tout repos, ce qu'elle déclara sans ambages à Per, qui ne voyait pas le problème. Qui se soucierait des verbiages de leur superstar ? Tout ce qui comptait, c'était qu'ils paraissent suffisamment fervents, ce qui était le cas dès que le meurtrier ouvrait la bouche ces derniers temps. Elvis aimait donner de l'argent et tout le monde voulait imiter Elvis, n'était-ce pas là le principe de cette nouvelle Église ?

Oui, les paroles de Dédé le Meurtrier devaient combler le vide des valises rouge et jaune auxquelles, si possible, viendraient s'ajouter d'autres, peu importe leur couleur. Cependant, un unique sermon déjanté ne suffirait pas. Ils auraient besoin, semaine après semaine, d'un message renouvelé aux tonalités religieuses, plus étoffé qu'un simple « Hosanna » prononcé par le prédicateur en chaire entre deux gorgées de vin. Et surtout, il ne fallait pas mettre tous leurs œufs dans le même panier.

— Que veux-tu dire ? Songer à l'Église d'André sans le prédicateur André ?

C'était à peu près ça.

— Tu penses à des intervenants mal intentionnés, genre le comte et la comtesse ?

— Oui. Et à près d'une vingtaine d'autres gangsters au degré de noblesse variable. Nous ignorons s'ils mettront trois minutes ou trois mois à mettre le grappin sur lui. Mais quand ils y arriveront, c'en sera fini de ses prêches.

— Et alors ?

— Alors, l'activité devra continuer, à la mémoire de notre regretté fondateur. Il nous faut une seconde voix bien rodée au cas où le prédicateur André rejoindrait le Seigneur. Une personne capable de pleurer le berger tragiquement disparu aux côtés de ses brebis et de recueillir de l'argent en son honneur.

— Tu parles de toi, là, j'imagine ?

Seul problème, vu sa biographie, Johanna aurait d'énormes difficultés à remonter en chaire et, même pour de faux, à perpétuer la tradition familiale.

Le réceptionniste sentait qu'il valait mieux pour lui rester en dehors des aspects religieux de leur nouvelle Église commune. Il comprenait aussi le dilemme de sa chérie, mais se vit contraint de lui rappeler que Jésus était censé accompagner Dédé le Meurtrier et qu'ils ne pourraient peut-être pas le remplacer.

Johanna savait bien sûr que Jésus était indispensable. Tout comme le vin de messe ou du moins de l'alcool dans les veines du prédicateur en chef.

Per la serra dans ses bras pour la réconforter : il était convaincu qu'elle trouverait le bon équilibre. Peut-être arriverait-elle au moins à se passer des Évangiles.

— Hum, fit Johanna Kjellander d'un air songeur. Qui cherche trouve. Matthieu 7.8.

Tout en haut de la liste de tâches de Per Persson figurait la question de leur protection personnelle. L'inquiétude de Johanna l'avait fait réfléchir. Ils s'apprêtaient à exposer non seulement la vie de Dédé, mais aussi les leurs, à la menace d'individus qui rêvaient de les expédier six pieds sous terre.

Ces sinistres personnages n'auraient aucun mal à tuer le prédicateur de l'Église d'André lors d'un prêche parlant de paix, de calme et d'amour, ce qui constituerait un gros revers de fortune. Le concept exigeait que le pasteur et le réceptionniste apparaissent aussi au grand jour, sans aucune garantie de survie. S'ils passaient de vie à trépas tous les trois, déclarer l'affaire peu rentable serait un euphémisme, et envoyer un mot d'excuse aux comtes, comtesses et autres voyous qu'ils avaient escroqués ne serait à n'en pas douter d'aucune utilité.

— Si je comprends bien, tu penses à un garde du corps, résuma Johanna.

— Non, j'ai pensé à un garde du corps. Maintenant, je pense à une équipe de sécurité.

Johanna le félicita et lui souhaita de remplir avec succès sa mission de leur offrir une vie longue et heureuse. On pouvait même inclure Dédé, tant qu'il était financièrement utile.

— Désolée, il faut que je te laisse maintenant. J'ai un culte à élaborer avec Jésus mais sans Dieu, dit-elle avec un sourire en l'embrassant.

29

Plusieurs gardes du corps, un local convenable, un compte bancaire en bonne et due forme, un numéro de téléphone et une adresse mail... Per avait du pain sur la planche. Prenant très au sérieux son rôle de directeur marketing, il étudiait aussi les réseaux sociaux : Facebook, Twitter, Instagram...

Il possédait un compte Facebook qui n'affichait qu'une seule amie : sa mère, en Islande, et elle ne répondait plus à ses messages depuis un moment.

Per Persson l'ignorait, mais elle avait quitté la capitale pour une cabane aux abords du Vatnajökull, le plus grand glacier d'Europe. Son banquier de mari avait fait chou blanc à Reykjavik et fui la civilisation avec son épouse encore assez séduisante (elle ne serait pas sans arrêt de mauvaise humeur, ce serait le pied). Son époux voulait faire profil bas le temps que les choses se tassent à Reykjavik, Londres... et un peu partout, en fait. Une question de prescription. Ils s'en sortiraient s'ils laissaient passer trois ans.

« Trois ans ? s'était étranglée la mère de Per.

— Oui, voire cinq. Juridiquement, la situation n'est pas très claire. »

Sa femme s'était demandé si elle n'avait pas gâché sa vie. « Je suis dans une cabane au pied d'un glacier sur une île où, même si je croisais quelqu'un avec qui parler, personne ne me comprendrait. Mon Dieu, pourquoi me fais-tu ça ? ! »

Était-ce Dieu qui s'était manifesté alors ? À la question désespérée avait succédé un grondement sourd et intense. Un tremblement de terre. Juste en dessous du glacier.

« J'ai bien peur que le Bárðarbunga soit en train de se réveiller ! avait lancé le banquier en exil.

— Le Barda quoi ? avait glapi son épouse, pas tout à fait certaine de vouloir le savoir.

— Le volcan. À quatre cents mètres sous la glace. Ça fait cent ans qu'il est endormi, alors j'imagine qu'il doit être bien reposé... »

Éruption ou pas, la cabane n'était pas équipée du Wi-Fi et, par voie de conséquence, le réceptionniste était privé de contact avec son unique amie Facebook. Il avait donc une expérience limitée des arcanes du réseau social, des partages et autres protocoles, mais il s'aperçut vite de son talent quand il rédigea son premier slogan :

Église d'André
Il y a moins de bonheur à recevoir qu'à donner

Bonne accroche, à son humble avis. Et à côté, un portrait de Dédé le Meurtrier en contre-jour, bible et iPad dans les mains.

— Qu'est-ce que je suis censé faire d'un ordinateur ? protesta le meurtrier quand il dut poser pour la photo.

— Ce n'est pas un ordinateur, c'est une tablette. Elle est là pour symboliser le contraste entre tradition et modernité. Notre message s'adresse à tous.

— Et c'était quoi déjà ?

— Donner est mieux que prendre.

— C'est bien vrai.

— Non, mais passons, soupira le réceptionniste.

Dès que le pasteur aurait fignolé le message religieux qui ferait l'objet des prêches, Per Persson pourrait tout finaliser. Néanmoins, il détestait déjà le bouton « J'aime », qui permettait aux gens de lever le pouce au lieu d'envoyer un billet de cent couronnes. Ou au moins de vingt.

Le local posait un autre problème. Le réceptionniste chercha un hangar, une étable, un entrepôt et tout ce qui lui passa par la tête avant de songer qu'il coupait les cheveux en quatre.

Il n'avait qu'à acheter une église.

Autrefois, l'Église d'État évangélique luthérienne était omniprésente en Suède et interdisait de croire en quoi que ce soit d'autre ; de ne croire en rien du tout ; de croire de la mauvaise manière.

L'Église atteignit son apogée au XVIIIᵉ siècle, mais dut affronter les provocations des piétistes qui, inspirés par les horribles pays environnants, exigeaient plus de dévotion. Le conventionnalisme luthérien n'était plus suffisant.

Parce qu'il valait mieux prévenir que guérir, l'Église d'État fit arrêter ceux qui croyaient bien, mais mal.

La plupart d'entre eux se repentirent et s'en tirèrent à bon compte, avec une simple peine d'exil à vie. Mais certains résistèrent. Le plus têtu se nommait Thomas Leopold. En plein milieu de son procès, plutôt que de rentrer dans le rang, il se mit à prier pour le juge, qui, exaspéré, le condamna à sept ans d'emprisonnement à la forteresse de Bohus.

Refusant toujours de courber l'échine, Leopold fut condamné à cinq ans supplémentaires au château de Kalmar, et autant à Danviken.

Après dix-sept ans d'enfermement, l'homme aurait pu fléchir, mais non, loin s'en fallait.

Tous recours épuisés, on renvoya le piétiste à Bohus, dans la cellule où avait commencé sa tournée carcérale, et on jeta la clé.

Thomas Leopold persista vingt-six horripilantes années avant d'avoir le bon sens de mourir, à l'âge de soixante-dix-sept ans. Cette histoire n'est pas très palpitante mais illustre bien la détermination de l'Église d'État : ordre et discipline, et office le dimanche.

Mais le rigide XVIIIᵉ siècle céda la place à un XIXᵉ siècle beaucoup plus conciliant. Les Églises libres obtinrent enfin droit de cité et sortirent de la clandestinité. Puis les catastrophes se succédèrent : en 1951, la loi sur la liberté de religion fut votée et, cinquante ans plus tard, la séparation de l'Église et de l'État.

Il y eut donc une époque où l'on pouvait être emprisonné quarante-trois années durant (avant que la mort vous gracie) parce qu'on ne croyait pas de la bonne façon. À peine deux cent cinquante ans plus tard, cinq mille Suédois quittaient chaque mois l'Église sans même un procès-verbal. Ils allaient où ils le désiraient, voire nulle part, la loi les y autorisait. Parmi ceux qui restèrent, certains se rendirent fidèlement à l'office dominical, non par crainte de faire l'église buissonnière, mais par désir pur et simple.

D'autres, la majorité, n'y allèrent plus.

À mesure que la fréquentation baissa, les paroisses se rassemblèrent. Le passage du XVIIIe siècle au XXIe siècle eut pour conséquence que, sans investissement privé pour les préserver, les églises désertées tombaient en ruine partout dans le fier royaume de Suède.

Les capitaux, l'Église de Suède les avait. Elle possédait des fonds de près de sept milliards de couronnes, mais ses bénéfices annuels stagnaient autour de trois pour cent – un taux ridicule – car, par droiture (bien qu'un peu à contrecœur), elle avait renoncé très tôt aux placements dans le pétrole, le tabac, l'alcool, les bombardiers et les chars d'assaut. Une part de ces trois pour cent était réinvestie dans l'activité de l'Église, mais quand il pleut sur le pasteur, il ne dégoutte pas forcément sur le vicaire. Autrement dit : nombre de petites paroisses sombrèrent. Si un bienfaiteur offrait trois millions de couronnes en espèces pour reprendre une église fermée qui ne faisait que coûter de l'argent, on l'accueillait comme le messie.

— Trois millions ? répéta le pasteur Granlund en songeant à tout ce qu'il pourrait faire pour son église principale, qui commençait elle aussi à montrer des signes de vieillesse.

Le prix s'élevait au départ à quatre millions neuf cent mille couronnes, mais le local était en vente depuis plus de deux ans et aucun acheteur potentiel ne s'était jamais présenté.

— Vous avez dit l'Église d'André ? demanda Granlund.

Céder l'église à une autre communauté chrétienne semblait avantageux. Ainsi, l'édifice sacré continuerait à l'être.

— Oui, en l'honneur de notre prédicateur en chef, Johan Andersson. Un homme fantastique. Un véritable miracle de Dieu, dit le réceptionniste en pensant que si, malgré tout, Dieu existait, il ne tarderait sans doute pas à foudroyer l'impertinent.

— Oui, j'ai suivi l'histoire dans les journaux.

Le pasteur Granlund, que la paroisse avait désigné comme négociateur, décida d'accepter les trois millions proposés. L'église était de taille considérable, déjà vétuste depuis environ un siècle, beaucoup trop proche de la route E18 et flanquée d'un cimetière parsemé de quelques stèles, toutes datant d'au moins cinquante bonnes années. Le pasteur se félicita que plus personne n'y ait été enterré depuis si longtemps. Comment reposer en paix dans une dernière demeure si proche d'un des axes les plus fréquentés de Suède ?

Il décida tout de même de soulever la question.

— Vous pensez respecter l'intégrité des sépultures ? demanda-t-il, conscient qu'aucune loi n'interdisait le contraire.

— Absolument ! affirma Per Persson. Nous n'ouvrirons pas une seule tombe. Nous allons juste aplanir un peu le terrain et le goudronner.

— Le goudronner ?

— Pour le parking. Vous pouvez avoir l'argent tout de suite si vous me faites un reçu.

Regrettant sa curiosité, le pasteur décida qu'il n'avait pas entendu la réponse et tendit la main.

— Marché conclu. Monsieur Persson, vous voici l'heureux propriétaire d'une église.

— Merveilleux. Que diriez-vous de rejoindre notre communauté ? Ce serait un énorme prestige pour nous. Nous pourrions vous réserver immédiatement une place de parking gratuite.

Le pasteur Granlund eut le sentiment d'avoir ouvert les portes de l'église à la malchance. Sa congrégation avait besoin de ces trois millions de couronnes, mais pas de s'abaisser à de viles flatteries.

— Vous devriez partir, monsieur Persson. Avant que je change d'avis.

30

Le réceptionniste pouvait maintenant s'occuper de l'équipe de sécurité personnelle.

Si Per Persson avait passé toute sa vie adulte parmi les grands et petits criminels, il ne se sentait pas pour autant expert en contacts avec la pègre. Car c'était là qu'il trouverait des gardes du corps : des gens qui ne posaient pas de questions et obéissaient aux ordres.

Lorsque le réceptionniste demanda au prédicateur André de réfléchir à des candidats, lui qui avait côtoyé une faune pittoresque derrière les barreaux, on entendit gémir les rouages sous son crâne. Mais la mécanique se grippait vite ces derniers temps et il ne sortit aucun nom de son cerveau. En revanche, il fit la remarque qu'un nombre étonnant de ses compagnons d'infortune étaient d'anciens videurs.

— Eh bien, tu vois quand tu veux ! le félicita le réceptionniste. Tu peux en nommer quelques-uns ?

— Oui. Holmlund, répondit Dédé. Et l'Élan…

— L'Élan ?

— Oui, c'est son nom.

— Où peut-on le joindre ?

— Il est en taule. Pour meurtre. Et pas près d'en sortir.

— Et Holmlund ?

— C'est lui que l'Élan a tué.

L'humeur de Per Persson s'améliora cependant quand le prédicateur lui indiqua les deux ou trois salles de sport que fréquentaient les videurs-taulards de la région de Stockholm. Il appela Taxi-Torsten et partit en quête de gros bras.

Il ressortit bredouille des deux premiers clubs de musculation. Difficile d'aborder les clients en leur demandant s'ils remplissaient à la fois les critères de vigile et de malfrat.

Taxi-Torsten, qui s'ennuyait ferme à l'attendre dans la voiture, s'était fait une idée du problème et put se rendre utile.

Au troisième club, il alla de son propre chef droit vers le jeune homme de l'accueil, se présenta et lui demanda :

— D'après toi, qui est-ce qu'il ne faut pas asticoter parmi les clients présents ?

Le jeune homme regarda Taxi-Torsten d'un drôle d'air.

— Vous vous appelez Taxi-Torsten ?

— Oui, c'est moi.

— Vous êtes venu faire des histoires ?

— Non, au contraire !

Le jeune homme hésita un moment sur la conduite à suivre et désigna finalement un colosse, couvert de tatouages, qui s'entraînait sur une machine à biceps au fond de la salle.

— Les gens l'appellent Jerry le Couteau, je ne sais pas pourquoi et je ne tiens pas à le savoir. J'ai remarqué que les autres gardent leurs distances avec lui.

— Excellent ! s'exclama le réceptionniste. Jerry le Couteau, tu dis ? Ça sonne bien !

Per Persson remercia le jeune homme pour son amabilité et dit à Taxi-Torsten qu'il lui avait rendu un fier service et qu'il le retrouverait un peu plus tard à la voiture. La suite ne le concernait pas.

Per Persson attendit que Jerry le Couteau fasse une pause dans sa gonflette.

— Vous êtes Jerry le Couteau, pas vrai ?

L'homme lui lança un regard inquisiteur.

— Pour l'instant, je suis Jerry sans Couteau. Mais ça peut mal finir quand même, selon ce que tu me veux.

— Sensass ! Mon nom est Per Persson, je suis le représentant de Dédé le Meurtrier. Vous avez entendu parler de lui ?

Jerry eut du mal à conserver son air indifférent.

— Celui qui a rencontré Jésus et s'est attiré un tas d'ennemis par la même occasion, répondit Jerry le Couteau, songeur.

— J'espère que vous ne comptez pas parmi eux, s'inquiéta le réceptionniste.

Non, Jerry le Couteau ne reprochait rien à Dédé le Meurtrier. Ils ne se connaissaient pas et n'avaient jamais séjourné ensemble derrière les barreaux. Mais il y avait beaucoup de personnes après lui, comme le fameux comte et sa cinglée de copine.

Précisément. Voilà pourquoi Per se permettait de le déranger, Couteau ou pas : accepterait-il la mission de maintenir Dédé le Meurtrier en vie le plus longtemps possible ? Et aussi, par la même occasion, lui-même et un pasteur du nom de Johanna Kjellander ?

— Une femme ravissante, soit dit en passant.

Jerry le Couteau comprit que son interlocuteur entretenait des rapports purement professionnels avec Dédé le Meurtrier, ce qu'il jugea sage. Occupant en ce moment le poste de videur d'un local passablement monotone de la ville, il n'avait rien contre un boulot un peu plus palpitant. Il était quasi certain de pouvoir mater le comte d'une seule main. Il voulut connaître les conditions de travail.

Per n'avait pas encore réfléchi à la question. Comme le moment n'était pas à la procrastination, Per décida sans consulter son pasteur adoré que Jerry le Couteau était l'homme de la situation. Celui-ci avait un vocabulaire et une syntaxe soignés et envisageait avec un calme étonnant de protéger Dédé le Meurtrier du comte, de la comtesse et de pas mal de monde.

— Je t'offre la direction de l'équipe de sécurité personnelle, que tu recruteras toi-même le plus rapidement possible. Tes recrues seront payées correctement et tu toucheras le double. Si tu acceptes cette mission, je n'ai plus qu'à te demander quand tu peux commencer.

— Le temps de prendre une douche.

31

Ils avaient l'autorisation de fonder leur communauté, une église (avec un cimetière en cours de goudronnage), un prédicateur, un remplaçant en réserve, et une équipe de sécurité personnelle bientôt complète. Pourtant, Johanna Kjellander ressentait un certain abattement, car elle n'avait toujours pas de message religieux alternatif clair.

Elle souhaitait s'éloigner des enseignements évangéliques et mêler au corps du Christ un peu de sang neuf. Celui de Mahomet, par exemple. Elle connaissait le sujet. Son nom était en réalité al-Amine, le Loyal, et on l'appelait Mustafa, l'Élu. Elle trouvait l'idée d'un prophète plus sympathique que celle de Marie engrossée par Dieu sous les yeux du pauvre Joseph.

Mais Jésus et Mahomet encadrant Dédé le Meurtrier… Non, ça ne le faisait pas ! Pas plus que son idée précédente : faire fraterniser Dieu et Jésus avec la scientologie. La doctrine comprenait un programme de réhabilitation spirituelle à la société, ce qui pourrait rapporter de l'argent. « Pour mille couronnes, nous affranchissons vos pensées. Pour cinq mille, nous pensons pour vous. » Ou quelque chose dans le genre.

Seul problème, la scientologie consacrait beaucoup d'efforts aux extraterrestres et autres bizarreries. D'accord, on pouvait considérer Jésus comme un extraterrestre, mais les deux enseignements seraient difficiles à concilier. Le plus gros écueil : l'âge de la Terre – six mille ans selon la Bible, au moins quatre milliards selon la scientologie. Si on coupait la poire en deux, il faudrait quand même rallonger la généalogie biblique de deux milliards d'années. Qui aurait le temps de s'en occuper ?

Tout cela confirmait ce qu'elle savait depuis le début : elle était coincée avec la Bible que Dédé le Meurtrier chérissait si tendrement. L'Église d'André n'était qu'un projet commercial, la jeune femme décida donc de serrer les dents. Après tout, le christianisme restait assez répandu en Suède. Les admirateurs désireux de rejoindre l'Église d'André n'auraient pas un fossé trop large à franchir. L'originalité de l'Église viendrait de son prédicateur (tant qu'ils arrivaient à le maintenir en vie) et de la Bible dont Johanna veillerait à extraire toutes les perles pour que le prédicateur en tire profit.

La parabole préférée de Johanna Kjellander était celle inventée par saint Matthieu à propos du Bon Samaritain. Le récit se rapprochait des Actes des Apôtres affirmant qu'il y a « plus de bonheur à donner... », etc. Mais, ironie de l'histoire, Matthieu avait été canonisé après sa mort, accédant par là même au titre de patron des douaniers et percepteurs.

Johanna disposait aussi d'un large choix d'anecdotes utiles parmi les Proverbes : les choses finissent mal pour les avares, et quiconque ferait don de son argent à leur Église verrait ses affaires fructifier et bien plus. Certes, les Écritures ne nommaient pas expressément le meurtrier repenti, mais il serait facile de les tourner à leur avantage. Malheureusement, les Proverbes figuraient dans l'Ancien Testament. Elle était donc forcée d'inclure tout le livre dans le lot.

La jeune femme avait, elle aussi, complété sa part du travail, celle concernant le denier du culte. L'Église d'André deviendrait un haut lieu de la générosité, avec Jésus en otage et Dieu dans le rôle du père Fouettard pour les plus avares de la paroisse.

Le réceptionniste avait fait ses calculs, cinq pour cent des recettes iraient à Dédé, cinq aux gardes du corps, cinq seraient réservés pour les frais généraux et cinq consacrés aux nécessiteux. Ne resterait que quatre-vingts pour cent pour Johanna Kjellander et lui-même. Ils devraient s'en contenter. La situation risquait de mal tourner si l'avidité prenait le dessus. De toute façon, la part du meurtrier leur reviendrait à l'instant où il recevrait une balle entre les yeux.

Et les Écritures apportaient quelque réconfort : les généreux seront comblés.

Au fil des semaines, l'intérêt pour l'homme le plus fascinant de Suède, voire d'Europe, faiblissait. Au début, le trio avait recueilli plus de cent cinquante mille couronnes par jour par le biais de Facebook et du compte courant ouvert en toute hâte par Per. Ensuite, les montants diminuèrent de moitié deux fois en l'espace de quelques jours. Décidément, les gens avaient la mémoire courte.

Le temps que tout soit prêt, les sommes adressées au meurtrier glorifié étaient proches de zéro. Le réceptionniste-comptable devint très nerveux. La première avait lieu dans douze jours. Et si personne ne venait ? Et si Johanna et lui-même étaient amenés à déposer leurs dernières piécettes dans la corbeille pendant que le meurtrier prêchait Dieu seul savait quoi ?

Johanna, quant à elle, demeurait beaucoup plus sereine. Avec un sourire, la jeune femme lui rappela que, ici-bas comme dans la Bible, la foi déplaçait les montagnes et que ce n'était pas le moment de la perdre, si près de la ligne d'arrivée. À présent, elle allait infliger au prédicateur une semaine de coaching spécial sermons. Elle apprécierait énormément si, pendant ce temps, le réceptionniste s'assurait que Jerry le Couteau et ses recrues apprenaient leur rôle.

Jerry le Couteau avait d'ailleurs émis une critique : l'église n'avait pas d'issue de secours en cas d'attaque contre le prédicateur en chaire. Et tout cambrioleur sait qu'il faut toujours prévoir au minimum deux possibilités de fuite.

— En bref, Jerry voudrait percer un trou dans le mur de la sacristie. J'ai dit que je t'en parlerais, vu que... eh bien, c'est tout de même une pièce sacrée dans un bâtiment sacré...

— Tout ira bien, nous aurons un trou sacré dans le mur sacré, le rassura Johanna. Une sortie de secours dans la sacristie, les services de prévention des incendies nous baiseraient les pieds !

Johanna Kjellander fit répéter Dédé le Meurtrier six jours sans répit.

— Je crois qu'il est prêt, déclara la jeune femme le septième.

— Quant aux vigiles, ils sont en grande forme, ajouta son complice. Jerry le Couteau nous a constitué une belle équipe. J'ose à peine entrer dans l'église sans montrer ma carte d'identité.

Puis Per Persson réitéra sa crainte que leur généreux meurtrier soit en passe de tomber dans l'oubli avant la première.

— Il y a un remède contre ça, lança Johanna en arborant de nouveau son expression mystérieuse.

Le réceptionniste lui rendit son sourire : depuis le temps, il avait une confiance absolue dans la créativité de sa compagne. En comparaison, il se trouvait aussi inventif qu'une feuille de calcul Excel.

— Tu es bien plus que ça, mon cher, le contredit Johanna avec plus de sincérité qu'elle se croyait capable d'en éprouver.

Inspiré par cette manifestation d'amour, Per se surprit à lui proposer de faire crac-crac.

— Où ? demanda Johanna, qui ne semblait pas opposée à cette idée.

Merde, alors ! Ils ne pouvaient pas cohabiter toute leur vie dans un camping-car avec Dédé ! Le logement serait la prochaine priorité.

— Derrière l'orgue ? suggéra Per.

32

Dédé le Meurtrier comprit avec une étonnante facilité ce qu'il devait raconter au journaliste et pourquoi.

L'*Expressen* avait envoyé le même reporter que la dernière fois, avec le photographe de l'époque, cependant bien moins nerveux.

Ils arrivèrent deux heures après avoir reçu la proposition d'interview lancée par Johanna, l'« assistante » du prédicateur.

Pendant l'entretien, Dédé le Meurtrier s'étendit sur le bonheur qu'il trouvait à donner plutôt qu'à prendre, même s'il avoua que c'était bien lui qui avait floué certains membres de la pègre, de la plus épouvantable des façons ou presque.

— Comment ça, « presque » ? s'étonna le reporter.

Eh bien, certains criminels avaient payé d'avance pour des meurtres. Seule l'exécution des contrats aurait été plus épouvantable. Le meurtrier qui avait fait vœu de ne plus tuer avait redistribué l'argent aux nécessiteux sans garder le moindre öre pour lui (en dehors de sommes insignifiantes dépensées en vin de messe et… simplement en vin). D'ailleurs, il prévoyait de nouvelles donations !

Le reporter demanda les noms des commanditaires des assassinats, ce qui permit à Dédé de répondre qu'il ne voulait pas les trahir. Au contraire, il priait pour eux chaque soir et les accueillerait avec joie dans son église, où il les présenterait à Jésus-Christ, qui leur ouvrirait également les bras.

— Alléluia ! Hosanna ! Oh, oh ! Oui, oui ! s'écria le prédicateur en levant les mains au ciel, écopant d'un coup de coude de son assistante qui intervint, comprenant que Dédé avait oublié le plus important :

— De plus, tu as pris des mesures de prévention.

— Ah bon ? s'étonna Dédé en baissant les bras. Ah oui, c'est vrai ! J'ai pris mes dispositions pour que les noms des clients soient révélés si jamais je suis renversé dans la rue, si je reçois accidentellement une balle dans le front, si on déclare que je me suis suicidé par pendaison ou si je quitte ce monde trop tôt.

— Vous voulez dire que si vous mourez, le monde apprendra qui a commandité un meurtre… Connaîtrons-nous aussi l'identité des cibles ?

— Absolument ! Au royaume des cieux, nous n'avons pas de secrets.

Johanna songea que les paroles du meurtrier étaient si décalées qu'elles sonnaient (presque) bien. Et le reporter de l'*Expressen* avait mordu à l'hameçon.

— Vous redoutez donc des représailles de la pègre ?

— Oh non ! le détrompa Dédé. Je sens au fond de mon cœur qu'ils sont sur le point de se convertir. L'amour du Christ s'étend à tout le monde, touche tout le monde ! Mais si certains sont toujours possédés par le démon, alors la société devra vraiment... quelque chose. Hosanna !

La messe était dite. Johanna Kjellander remercia le journaliste et s'excusa de devoir mettre fin à l'entretien : le prédicateur devait préparer son premier sermon.

— Qui aura lieu ce samedi. À 17 heures précises. Stationnement et café gratuits pour tous les visiteurs.

Cette nouvelle rencontre avec la presse avait rempli son office : faire de la publicité pour l'ouverture de l'Église d'André. Et avertir le comte, la comtesse et consorts de ce qu'il leur en coûterait s'ils touchaient à un seul cheveu du prédicateur.

Sur le papier, c'était un bon plan.

Dans le monde réel, beaucoup moins.

La rage du comte et de la comtesse était à son paroxysme, à faire peur même aux plus enragés du milieu.

33

— Quel enfoiré de filou, marmonna la comtesse en refermant l'*Expressen*.

— Tu te trompes. Je le connais depuis près de quarante ans, répliqua son compagnon. S'il y a bien une chose qu'il n'est pas, c'est filou. Quelqu'un pense à sa place.

— Le pasteur ?

— Oui. Johanna Kjellander, d'après le journal. Et le voleur de camping-car... Per Jansson, si je me souviens bien. J'aurais dû lui couper les couilles, après tout. Il n'est jamais trop tard.

Le comte et la comtesse avaient plus d'autorité que quiconque dans les cercles funestes de Stockholm et des environs. Pour qu'une initiative collective des criminels influents de la capitale voie le jour, l'invitation devait émaner du couple aristocratique. Qui la lança sans tarder.

La première conférence criminelle de Suède se réunit dans la seule succursale automobile presque vide du comte, à Haninge.

L'établissement avait eu d'excellents résultats cette semaine-là. Avec deux ou trois astuces, toute voiture accidentée et importée illégalement semble sortir tout droit de l'usine. Le comte ne se sentait pas tenu par l'obligation de communiquer à l'acheteur l'historique et l'état du véhicule. Les voitures ne parlaient pas, sauf dans les films.

Ces derniers jours, dix exemplaires avaient quitté la succursale, presque au prix de modèles neufs. Aucun de leurs airbags ne fonctionnait, mais quelle importance ? Aux acquéreurs de veiller à bien rester sur la route.

Une bonne semaine, donc, n'était-ce le motif de la conférence imminente.

Réunir une liste de gros bonnets avait aussi exigé un peu d'ingéniosité. Les noms des différents commanditaires de meurtres ou passages à tabac n'étaient consignés nulle part. Les convocations s'effectuèrent par le bouche à oreille et par le biais de quatre bistrots soigneusement choisis.

À l'heure fixée, dix-sept hommes arrivèrent à la succursale automobile. Le comte et la comtesse les attendaient sur un podium.

L'installation était en réalité prévue pour la plus belle voiture du magasin, mais celle-ci venait d'être vendue au prix de neuf cents grammes de méthamphétamines d'excellente qualité, libérant une scène remarquable pour le couple qui aimait illustrer sa supériorité.

Ce fut la comtesse, encore plus enragée que son compagnon, qui ouvrit la séance.

— Je ne vais pas vous demander si Dédé le Meurtrier doit rester en vie, mais comment faire en sorte qu'il meure. Le comte et moi avons quelques idées.

Quelques-uns des dix-sept hommes au pied du podium se tortillèrent d'embarras. Ils songeaient à la menace de Dédé de révéler le détail des commandes passées si le tueur qui refusait de tuer était puni comme il le méritait.

L'un d'eux osa même soulever cette objection (il avait, du reste, payé une large somme pour se débarrasser du comte et de la comtesse réunis). Il argua que la mort de Dédé le Meurtrier provoquerait un bain de sang parmi les criminels stockholmois. N'était-il pas préférable de continuer à s'occuper de leurs affaires tout en restant en excellents termes ?

Le comte répliqua que, chez lui, on ne se laissait pas intimider – sans toutefois préciser que la comtesse et lui avaient éliminé eux-mêmes les deux concurrents pour lesquels Dédé avait été payé en espèces, en camping-car, et en vain.

C'est alors qu'un autre participant eut l'audace de manifester son accord avec le premier. N'ayant pas les moyens de payer pour l'élimination du couple aristocratique, il s'était contenté de commanditer celle de la comtesse, qu'il trouvait plus dangereuse et, surtout, imprévisible. Lui aussi avait toutes les raisons du monde de souhaiter une longue vie à Dédé le Meurtrier.

Un troisième avait payé pour un matraquage en règle d'un cousin du comte. Plusieurs autres avaient passé commande de divers degrés de brutalité, visant au moins huit des personnes présentes. Si l'un des participants pouvait se considérer comme innocent, au sens restreint du terme, c'était pour la simple raison qu'il n'avait pas eu les moyens de se rendre plus coupable qu'il ne l'était déjà.

Le comte et la comtesse étaient craints de tous. Les dix-sept costauds au pied du podium eurent cependant le courage de s'opposer d'une même voix au couple. Ils jugeaient que le business se porterait mieux s'ils passaient l'éponge. Ils avaient le choix entre se venger ou préserver le climat de travail. La seconde option pesa plus lourd dans la balance.

La comtesse les abreuva d'injures, les traitant de mollusques invertébrés et autres amabilités – certains en vinrent même à souhaiter de payer une nouvelle fois Dédé, si seulement il jurait d'exécuter enfin sa mission.

Un autre se demanda si les mollusques n'étaient pas ipso facto invertébrés, mais eut assez de bon sens pour ne pas poser la question à voix haute.

La conférence s'acheva en moins de vingt minutes. Tous les gredins de grande ou petite envergure concernés étaient venus, sauf un : le chétif qui avait payé huit cent mille couronnes pour faire passer son voisin de vie à trépas. L'homme assoiffé de vengeance et plumé jusqu'au croupion s'était suicidé quand sa femme avait suivi le voisin aux Canaries, les supposées grimaces étant en réalité une technique de flirt sophistiquée.

En conclusion, dix-sept des dix-neuf escrocs escroqués épargneraient Dédé le Meurtrier. Les deux autres étaient de l'avis contraire : il mourrait, suivi de près par Johanna Kjellander et Per Jansson – ou Persson, à vérifier.

34

Deux jours avant la cérémonie d'inauguration de l'Église d'André, Johanna Kjellander concrétisa son autre idée : une nouvelle donation censée provoquer un raffut national. Conduits par Taxi-Torsten, le pasteur, le réceptionniste et Dédé le Meurtrier s'installèrent tous trois sur la banquette arrière. Sur les genoux du prédicateur, un paquet bien emballé contenant cinq cent mille couronnes et un message personnel adressé à leur destinataire.

Si la saison touristique n'avait pas encore commencé, la cour du Palais royal de Stockholm n'était jamais vraiment déserte. C'était là notamment que patrouillait sans interruption la garde royale, et ce depuis 1523 (les gardes avaient sans doute profité d'une trêve après l'incendie du château, aux alentours de l'an 1700, pour ne reprendre leur service qu'une cinquantaine d'années plus tard).

Taxi-Torsten était un conducteur audacieux. Quittant la rue Slottsbacken, il poursuivit sa montée sur les pavés et s'approcha lentement du soldat au garde-à-vous, vêtu d'un bel uniforme d'apparat et armé d'un fusil à la baïonnette étincelante.

Dédé descendit de voiture et lui tendit son paquet.

— Bonjour, dit-il d'un ton solennel. Je suis Dédé le Meurtrier et je voudrais remettre ces cinq cent mille fières couronnes à Sa Majesté la reine pour sa World Child… je sais pas trop quoi… Foundation. J'ai oublié le nom alors qu'on l'a rabâché pendant tout le trajet depuis… bah, on s'en fiche, d'où je viens. En un mot…

— Mais donne-lui l'argent, à la fin, merde ! cria le réceptionniste depuis le taxi.

Facile à dire. Le soldat ne faisait aucun geste vers le paquet susceptible d'être piégé. À la place, il enfonça le bouton d'alarme et se mit à réciter :

— Quiconque désire l'accès à un objet protégé ou se trouve près d'un objet protégé est tenu, sur demande du personnel de sécurité de l'objet protégé, de décliner son nom, sa date de naissance et son domicile, de se soumettre à une fouille corporelle, qui ne s'applique à aucune lettre ni autre document, et de permettre la fouille de tout véhicule terrestre, aquatique ou aérien.

Le paquet toujours tendu, Dédé dévisagea le soldat.

— Tu te sens bien, mon gars ? Tu peux pas prendre le fric au nom du Christ, pour que j'y aille ?

Le soldat prit une grande inspiration :

— Le personnel de sécurité chargé de la garde d'un objet protégé est en droit, dans la mesure nécessaire à l'exécution complète de sa tâche, d'expulser, de renvoyer ou, si ces mesures s'avèrent insuffisantes, d'appréhender provisoirement toute personne se trouvant dans l'enceinte ou les environs de l'objet protégé…

— C'est ça, essaie donc de m'appréhender, l'épouvantail !

Le garde, terrifié, continua à réciter :

— Si cette personne enfreint une interdiction suite à la décision justifiée par la présente loi, refuse de fournir les renseignements demandés ou si ceux-ci sont soupçonnés d'être inexacts, refuse de se soumettre à une fouille corporelle ou…

À cet instant, Dédé écarta d'une bourrade le récitant et déposa le paquet dans la guérite.

— Débrouille-toi pour qu'il parvienne aux mains de Sa Majesté ! ordonna-t-il au garde qui avait atterri sur les fesses. Effectue une fouille corporelle sur le paquet si ça t'amuse, mais je te préviens, t'as pas intérêt à toucher au fric !

Sur ces derniers mots, Dédé rejoignit ses comparses et Taxi-Torsten se faufila dans la circulation de la rue Skeppsbron, quelques secondes avant que n'arrivent les renforts de l'autre côté de la cour.

On rapporta que Dédé le Meurtrier avait « attaqué le Palais », jusqu'à ce que la reine, dans une conférence de presse, exprime sa gratitude pour le fantastique cadeau (scanné par précaution) de quatre cent quatre-vingt-quatorze mille couronnes destiné aux enfants dans le besoin de la World Childhood Foundation.

— Quand est-ce que tu vas apprendre à compter jusqu'à cinq cents ? ! demanda le réceptionniste.

Dédé répondit par un silence boudeur.

Ils bénéficiaient d'une publicité unique : en premier lieu, des allusions à une menace, en deuxième lieu, la rectification de la reine, et enfin la répétition en boucle de la biographie de Johan Andersson, alias Dédé le Meurtrier, alias prédicateur André.

— Je devrais peut-être prendre le titre de pasteur ? songea celui-ci tout haut.

— Non ! répondit Johanna.

— Pourquoi ?

— Parce que je te le dis !

— Doyen de chapitre, alors ?

35

Jerry le Couteau avait dû aborder avec son équipe un sujet d'importance : leur code vestimentaire. Hors de question d'adopter un look de motard sanguinaire, avec blousons de cuir, coups-de-poing américains et fusils d'assaut AK-47 bien en évidence, achetés à trente-cinq couronnes chez le dernier des derniers marchands d'armes suédois.

Non, la tenue d'usage, c'était blazer et chino, des pièces que la plupart des gardes n'avaient pas portées depuis les études qu'aucun n'avait suivies. Les fusils-mitrailleurs, le cas échéant, devaient être dissimulés sous un manteau fin, et les grenades, rangées sagement dans les poches des vestes.

— Notre mission est d'éliminer les éléments hostiles, déclara Jerry le Couteau, pas de faire fuir les honnêtes visiteurs !

Le détecteur de métaux installé à l'entrée représentait le plus gros investissement. Il offrait à Jerry la certitude qu'aucune arme ne pouvait être introduite dans le bâtiment. Le pasteur et le réceptionniste, quant à eux, comprirent qu'avec le détecteur, une caméra de surveillance discrète et un peu de temps, ils apprendraient à distinguer les fidèles qui n'apportaient que des pièces de monnaie de ceux aux portefeuilles bien garnis. Inutile de réserver des places dans l'église pour accueillir des individus soucieux de leur âme mais peu disposés à payer leur écot pour leur salut.

Le cimetière avait été converti en parking de cinq cents places. Un nombre indéterminé de défunts enterrés entre 1800 et 1950 reposaient sous l'asphalte. Nul ne leur demanda leur avis sur cet aménagement et eux-mêmes restèrent muets.

Dans l'hypothèse d'un parking plein, à raison de deux passagers par voiture, on atteindrait le millier de visiteurs. L'église, pourtant vaste, ne pouvant accueillir que huit cents personnes, le réceptionniste fit l'acquisition d'un écran géant et d'une sono à la qualité et au prix qui lui nouèrent l'estomac. L'écran fut installé à l'extérieur le matin de l'ouverture et payé en liquide. De la fortune que contenaient autrefois les deux valises, il ne restait que quelques miettes.

— Ne t'inquiète pas comme ça ! lança Johanna. Rappelle-toi que la foi déplace les montagnes dans la Bible et ici-bas.

— Ici-bas ?

Parfaitement ! Pendant ses études de théologie, Johanna Kjellander s'était plongée dans les théories alternatives à la Genèse, dans laquelle Dieu bricole le ciel et la Terre en quelques jours. Une autre vérité possible portait le nom de Pangée, le supercontinent qui se disloqua, donnant naissance aux terres actuelles avec leurs montagnes, vallées et compagnie. Peut-être quelqu'un y avait-il cru assez fort. Qui était le pasteur pour en juger ?

Per Persson fut rassuré par le calme de sa chérie. Les valises rouge et jaune déborderaient à nouveau d'argent. Qu'importe si la foi de la jeune femme déplaçait une montagne ou deux par la même occasion. À elle de choisir où puiser cette conviction.

— Dans ce cas, j'opte pour la Bible, juste pour aujourd'hui. Histoire de gagner du temps. La Pangée a dérivé pendant un milliard d'années et je ne supporterai pas aussi longtemps Dédé, les camping-cars et le reste.

— Le reste ? Même moi ? demanda Per.

— Pendant un milliard d'années ? Si, peut-être.

Plus que quelques heures avant la première. Posté sur une hauteur à l'angle nord-ouest du domaine, Jerry le Couteau fouillait les environs du regard. Tout semblait calme.

Soudain il aperçut, tout au bout de l'allée de gravier, un vieil homme avec un râteau. Un déguisement ? À première vue, il exécutait la tâche que permet habituellement l'outil.

Il ratissait.

Avait-il l'intention de nettoyer le chemin jusqu'aux portes de l'église ?

— Nous avons un problème, annonça Jerry à son équipe grâce au matériel de communication qui avait coûté bonbon, lui aussi.

— Je le descends ? proposa l'un des tireurs embusqués dans le clocher.

— Non, imbécile ! Je vais voir qui c'est.

L'inconnu continuait à râteler l'allée. Jerry, main droite à hauteur de son couteau préféré dans la poche de sa veste, se présenta comme chef de la sécurité de l'Église d'André et demanda à l'homme ce qu'il faisait là.

— Je ratisse.

— Je vois bien. Et qui vous a demandé de le faire ?

— Personne. Je ratisse le gravier avant chaque office religieux, une fois par semaine depuis trente ans, un peu plus rarement ces deux dernières années, depuis la décision impie de fermer cette maison du Seigneur.

— Mince alors ! s'exclama Jerry, qui s'entraînait depuis quelques jours à ne pas prononcer de gros mots pendant le travail. Je m'appelle Jerry, ajouta-t-il en lâchant son couteau pour tendre la main à l'étranger.

— Börje Ekman, répondit l'homme au râteau. Sacristain.

36

Le sacristain Börje Ekman ne croyait ni à la chance ni à la malchance. Seulement en lui-même, Dieu, le Christ et l'ordre. Toute personne pas trop dévote et un brin observatrice aurait toutefois estimé que la future rencontre du sacristain avec Dédé le Meurtrier relevait de la malchance.

L'homme, qui aurait eu toutes les raisons de souhaiter une tournure différente aux événements à venir, était la veille encore fonctionnaire au ministère de l'Emploi. Il avait occupé pendant quarante ans le même poste, qui avait changé de nom plusieurs fois en cours de route. Il avait bénévolement assuré l'entretien de la maison du Seigneur qui deviendrait l'Église d'André, espérant s'attirer les bonnes grâces de saint Pierre le jour du Jugement dernier.

Ces trois dernières décennies, le fonctionnaire, chaque jour plus désabusé, avait pris son mal en patience. Au début, c'était différent. Il travaillait pour le salaire mais pas seulement. Il livrait bataille contre les manières de cow-boy au sein du ministère, du moins dans certains de ses services. Börje avait découvert que le prospecteur-placier de l'Agence pour l'emploi quittait souvent son bureau, à intervalles irréguliers. L'homme justifiait ses sorties comme un moyen de « rencontrer les employeurs » pour « nouer des liens » et « établir la confiance ».

Selon le jeune Börje, cette stratégie était complètement vaine. Et d'ailleurs, cet homme n'allait-il pas plutôt boire une Pils au bistrot du coin ? Nul ne pouvait le vérifier.

De la bière ! Pendant les heures de travail. Dieu du ciel !

Pour Börje Ekman, l'Agence pour l'emploi était un modèle d'administration, ultra-structurée. Le chômage était cerné de toutes parts et ses caractéristiques détaillées par le menu : âge, sexe, secteur, démographie, formation, on touchait presque la sphère privée. Tout devait partir de la base, c'était la clé de la réussite. Cela exigeait une organisation claire, une hiérarchie sans tensions ni conflits inhérents. Les places proposées par l'Agence pour l'emploi seraient parfaites et le résultat, à long terme, prévisible en tout point. C'était un enchantement rien que d'y penser.

Mais tant que les prospecteurs-placiers couraient les rues à la recherche d'emplois, aucun contrôle n'était possible. Un jour, un prospecteur de Täby avait sympathisé avec un directeur d'entreprise au point de le convaincre de passer aux deux-huit. Résultat : quatre-vingts créations de postes d'un coup dans la commune, un cauchemar pour n'importe quel analyste de l'emploi. Les tableaux statistiques n'avaient pas de colonne prévue pour des résultats de ce genre – obtenus au sauna ou lors d'une partie de golf (que le prospecteur n'avait pas hésité à perdre volontairement, au moyen de doubles bogeys dans l'eau sur un dix-huit trous).

Börje Ekman n'était pas bête au point de ne pas apprécier la valeur de ces quatre-vingts emplois, mais il ne fallait pas perdre de vue l'ensemble. Le tort du prospecteur de Täby, au-delà de la partie de golf pendant les heures de travail, était d'avoir contourné l'administration. À cause d'une personne, les pronostics trimestriels de la région nord de Stockholm s'étaient révélés erronés. En outre, le prospecteur avait refusé de valider les déclarations de situation mensuelle des quatre-vingts anciens chômeurs.

« Foutaises ! avait-il rétorqué. Je ne vais quand même pas passer des semaines à trier des papiers à propos de gens qui ont déjà un emploi ! »

Puis il avait raccroché le téléphone avant d'aller remporter au golf la création de sept nouveaux postes dans les secteurs de la plomberie et de la ventilation.

Ce fut son dernier exploit avant son renvoi pour refus de travail et autres motifs que Börje Ekman avait dû inventer pour être tranquille. C'était du gâchis, ou presque. L'homme avait le talent de créer des emplois, ce qu'il fit d'ailleurs jusqu'au bout puisque son départ libérait un poste à l'agence de Täby. Ensuite, Börje Ekman tira les ficelles pour s'assurer que son successeur ne partagerait pas le même point de vue. Structure et statistiques avant tout, afin que les élus politiques connaissent avec précision l'état du marché de l'emploi. Avec des agités comme le prospecteur de Täby, le risque d'erreur des pronostics trimestriels atteignait près de cent pour cent. Or, il n'y avait rien de plus beau pour l'opposition, et par là même rien de pire pour un fonctionnaire ministériel apolitique.

Une chose est indéniable : des prévisions, une fois consignées, ne peuvent pas se conformer à la réalité. Aussi la réalité doit-elle se conformer aux prédictions. Selon Börje Ekman, cette vérité s'appliquait à tous les domaines, sauf à la météo. Le Seigneur commandait celle-ci d'une main ferme, sans doute au désespoir des prévisionnistes du service météorologique de Norrköping. Coup sur coup, ils annonçaient du soleil le lendemain et Dieu se décidait pour la pluie. Börje Ekman frissonnait à l'idée de travailler dans un tel endroit, tout en se plaisant à songer que lui seul disposerait de l'oreille du Seigneur en sus de la légère aide des stations météorologiques et des satellites. Les chances d'annoncer le temps exact atteindraient de nouveaux sommets.

En traduction libre, seul comptait le degré de prévisibilité, pas la qualité des résultats. En traduction encore plus libre, à des fins purement météorologiques, la population entière devrait être rassemblée juste au nord de Göteborg. On saurait alors le nombre de météorologues nécessaires : zéro. Il suffirait d'annoncer la pluie le lendemain pour avoir raison deux cents à deux cent cinquante jours par an. En tenant compte des contacts de Börje Ekman avec Dieu, la fiabilité s'élèverait à environ quatre-vingts pour cent, quatre-vingt-dix en fonction de la disponibilité du Seigneur.

Appliquée aux calculs du ministère de l'Emploi, la logique de Börje Ekman interdisait tout changement d'un trimestre à l'autre. Quand, malgré cela, on constatait des évolutions, toute une équipe d'analystes du ministère devait refaire ses calculs depuis le début. Certes, cela les occupait, mais cela énervait aussi les politiciens et leur faisait même perdre les élections de temps à autre. Or, les fonctionnaires avaient appris une chose au cours des années : il n'existe aucune agence ni aucun bureau du ministère de l'Emploi si petits et mal placés qu'on ne puisse trouver de bureau encore plus petit et distant du lieu de l'action.

Börje Ekman en était l'illustration vivante. En quarante ans, il avait commis assez de faux pas pour être transféré, muté, déplacé et enfin oublié par l'organisation dont il aurait dû faire partie. Börje se moquait de rappeler son existence à ses collègues. Il se contenta de compter patiemment les jours qui le séparaient de son soixante-cinquième anniversaire, à l'occasion duquel la ministre adressa un bref discours de remerciement au fantastique employé qu'avait été Börje Ekman (après s'être renseignée sur son nom et son travail).

Il quitta sans appel son bureau à peine plus grand qu'un placard à balais, pas aigri le moins du monde. Avec le temps, l'Agence pour l'emploi à laquelle il avait consacré plusieurs décennies de sa vie avait accepté sa vision des statistiques et contrôles plutôt que la prospection ad hoc et brouillonne. Mais le service n'effectuait pas de bon cœur le travail de ne pas trouver de postes. Les foutus politiciens s'en mêlaient, comme les foutus citoyens en général. Tous les quatre ans avaient lieu des élections démocratiques avant lesquelles les partis promettaient de faire descendre la courbe du chômage, chacun d'une façon différente. Leurs stratégies, quelles qu'elles soient, ne faisaient qu'ajouter au chaos régnant au ministère. Si seulement les électeurs arrêtaient de voter systématiquement pour un autre parti ! Après chaque élection, les fonctionnaires devaient appliquer une nouvelle politique de création d'emplois, inefficace, au lieu de continuer avec l'ancienne – tout aussi inefficace.

Börje Ekman, célibataire endurci, aurait mené une existence passablement vaine s'il n'avait pas veillé à se réaliser d'une autre manière. Il laissa le chômage en plan, l'abandonnant aux mains du Seigneur, pour faire carrière dans le divin.

Il avait bien réussi, construisant peu à peu une structure ecclésiastique pour la paroisse où il résidait et dont il avait finalement contrôlé tous les aspects.

Cette existence religieuse rendait Börje Ekman heureux, tout simplement. Bien plus qu'il aurait pensé l'être. Il consacrait tout son temps à ses tâches de sacristain officieux. Les brebis l'écoutaient et lui obéissaient d'un même mouvement, y compris le chef du troupeau dans sa chaire.

Jusqu'à la catastrophe : le lieu saint fut fermé, la congrégation – dont dix-huit des dix-neuf membres actifs – fusionna avec sa voisine. Plutôt que de les suivre, le dernier membre pleura sa vieille église, désherbant de temps en temps l'allée de gravier. Granlund, de la circonscription limitrophe, n'était qu'un prétentieux (autrement dit un individu ne laissant pas Börje Ekman lui dicter ses volontés).

Puis l'ancienne paroisse fut vendue, cimetière compris, à l'ancien meurtrier fraîchement converti dont parlait tout le pays. Devoir rendre des comptes à un personnage pareil ne l'enthousiasmait pas du tout. Cela menaçait la position dont il rêvait au royaume des cieux. Mais crotte ! C'était son église et il allait vite le faire comprendre au meurtrier (à défaut de Granlund avec sa caboche trop épaisse). Le meilleur sacristain de Suède était de retour ! Même si nul ne le savait.

Börje Ekman vint ratisser le gravier trois fois avant l'inauguration, mais on ne se rendit compte de sa présence que le jour même.

Tout à sa tâche, Börje se remémorait les derniers jours dans son placard à balais. À l'époque, il ne songeait plus qu'à sa nouvelle paroisse séculaire. Jour J moins trois, moins deux, moins un. Les remerciements de la ministre, pas même un gâteau. Et le premier jour après son dernier, sa chère église rouvrait ses portes.

Börje avait choisi de ne pas se manifester, préférant

attendre le lendemain de la première. Faire la surprise aux directeurs de la congrégation, sans doute égarés, qui avaient encore tout à apprendre.

Ces pensées firent naître sur ses lèvres un sourire qui n'allait pas tarder à se figer.

La deuxième conférence criminelle de Suède – par ordre et par taille – se déroula au sous-sol d'un des bars fréquentés par cette douce clientèle.

Dix-sept hommes, sans comte ni comtesse. La problématique du jour : éliminer le couple, avant qu'il s'en prenne à Dédé le Meurtrier. La décision fut votée à dix-sept voix contre zéro.

Qui s'en chargerait et comment ? On discuta cette question autour de bières apportées du rez-de-chaussée.

Le groupe avait de facto un meneur : l'homme qui, le premier, avait eu le courage de s'opposer aux faux nobliaux. Après avoir ingurgité deux grandes spéciales, il se rappela une chose que tous savaient : c'était Olofsson et Olofsson qui avaient incendié la Pension La-Pointe-de-Terre.

— Qu'est-ce que ça vient faire là-dedans ? protesta Olofsson.

— Je me le demande aussi ! renchérit son frère.

Eh bien, le meneur partait du principe que sans l'incendie, Dédé le Meurtrier logerait toujours à l'hôtel. Le mettre hors d'atteinte du comte et de la comtesse aurait été facile.

Olofsson argua que jusqu'ici Dédé le Meurtrier se cachait très bien sans leur aide et que les ennuis avec le comte avaient au contraire commencé quand Dédé était sorti de l'ombre. Il était revenu avec le Christ et avait eu ces paroles malheureuses, dans les journaux, à propos des conséquences s'il lui arrivait quoi que ce soit.

— De toute façon, qui de nous tous ici présents serait allé à l'hôtel faire la causette avec le meurtrier autour d'une tasse de thé pour le prier de se calfeutrer dans une cabane à la montagne ? s'enquit Olofsson.

— Ouais, qui ? renchérit son frère.

Le raisonnement d'Olofsson était toutefois trop tortueux pour que son public le suive au-delà des premières phrases. Aussi les deux frères furent-ils chargés à quinze voix contre deux d'éliminer le couple, avant que celui-ci élimine l'homme qui aurait dû être éliminé depuis le début, mais qu'ils préféraient à présent maintenir en vie le plus longtemps possible.

Les criminels rassemblés au sous-sol n'avaient pas pour habitude de tomber d'accord sur les questions d'argent. Ce n'était pas dans leurs gènes. Et pourtant, ce jour-là les quinze bandits qui resteraient à couvert décidèrent d'une seule voix qu'Olofsson et Olofsson obtiendraient une récompense de quatre cent mille couronnes par aristo, un million s'ils supprimaient les deux à la fois.

Olofsson et Olofsson étaient contrariés. Mais on leur promettait tout de même un million, justement la somme dont ils avaient besoin pour sortir la tête de l'eau. De plus, quinze malfaiteurs les fusillaient du regard, attendant une réponse.

Les frères pouvaient accepter...

... ou accepter.

38

Plus qu'une heure avant le premier sermon de Dédé le Meurtrier. Johanna lui fit réviser une dernière fois leur stratégie et leur organisation. La jeune femme éprouvait quelques doutes quant à la suite des événements. Tantôt Dédé apprenait facilement et réfléchissait, tantôt il semblait posséder l'intelligence d'une boule de jeu de quilles. Impossible de prédire quelle partie de son cerveau prendrait le dessus pendant le prêche...

L'église se remplissait rapidement. Une foule importante s'amassait à l'extérieur au pied de l'écran géant. Il y avait deux tireurs embusqués avec lunettes télescopiques dans le clocher, un garde à chaque accès et le seul loubard à peu près présentable, accoutré de force d'un costume noir, posté à l'entrée à côté du système de sécurité électronique. Il avait suivi auprès de Johanna un cours de bonnes manières condensé (voire expéditif – on manquait de temps).

— Pourquoi procédez-vous à un contrôle de sécurité à l'entrée d'une église ? demanda un visiteur qui n'avait pas la moindre envie de se trouver là, mais avait cédé devant l'insistance de sa femme.

— Pour des raisons de sécurité, cher monsieur, répondit le garde en costume.

— Ah, vraiment ? rétorqua l'homme d'un ton insolent.

Johanna Kjellander jugeait préférable de taire la vérité aux visiteurs, à savoir que le prédicateur et eux-mêmes étaient en danger de mort.

— Oui, tout à fait, cher monsieur, se contenta de dire le vigile.

— La sécurité de qui et pour quelles raisons ? insista l'effronté.

— On ne peut pas simplement entrer, Tage ? intervint sa femme, un peu embarrassée.

— Je dois avouer que je suis de l'avis de votre charmante épouse, dit le garde, qui bouillait d'envie d'étendre l'emmerdeur de son poing droit, qu'il serrait très fort dans la poche de sa veste – ayant lâché la grenade au préalable.

— Mais il se passe quelque chose de bizarre ici, Greta ! protesta Tage, qui avait tenté la journée entière de la convaincre que la finale de la saison de hockey diffusée à la télé était plus intéressante.

La file d'attente s'allongeait derrière l'obstiné. Finalement, le garde perdit la patience qui seyait au costume.

— Comment vous allez piger ce que va dire le prédicateur si vous captez même pas « raisons de sécurité » ? Remontez dans votre putain de Volvo, retournez dans votre putain de pavillon dans votre putain de banlieue et allez moisir sur votre putain de canapé Ikea si la rédemption qu'on vous offre vous intéresse pas !

Par chance, Johanna, qui passait par là, entendit la mauvaise tournure qu'avait prise l'échange.

— Pardonnez mon intervention, les interrompit la jeune femme. Je m'appelle Johanna Kjellander, je suis l'assistante du messager de Dieu, peut-être le plus éminent que porte cette Terre. Le vigile que vous venez de rencontrer fait partie de nos nouvelles recrues et n'est pas encore allé au-delà de la Genèse.

— Et alors ? fit l'insolent.

— Eh bien, ce Livre n'aborde pas les bonnes manières, si ce n'est l'interdiction de toucher au fruit défendu. Même si Adam et Ève ont désobéi, incités par un serpent doué de parole.

— Euh, un serpent doué de parole ? répéta l'homme à présent plus confus qu'insolent (qui, contrairement à sa femme, n'avait jamais ouvert la Bible).

— Oui. Il était aussi doué de compréhension, le serpent. Si vous saviez l'engueulade qu'il s'est prise de la part de Dieu ! Voilà pourquoi, aujourd'hui encore, il rampe dans la poussière. Le serpent, pas Dieu !

— Qu'est-ce que c'est que cette histoire ? Où voulez-vous en venir ? demanda l'homme, moins effronté mais encore plus dérouté.

Johanna Kjellander avait avant tout voulu désarçonner le visiteur : le but était atteint. À présent, elle devait choisir ses mots afin de suggérer discrètement que la force des paroles du prédicateur André ne connaîtrait peut-être pas de limites. Espérer une apparition du Christ en personne pendant le prêche était peut-être trop demander, mais au cas où, il ne faudrait pas qu'un visiteur lui vole dans les plumes. On ne pouvait pas exclure non plus que le messie envoie un de ses apôtres. Pas forcément Judas Iscariote, mais avec onze autres il avait l'embarras du choix. En un mot, nul ne pouvait prédire quelles puissances le prédicateur libérerait. D'où les précautions.

— Mais c'est comme vous voulez ! Nous n'obligeons personne à rencontrer le prédicateur, ou Jésus-Christ et ses apôtres. De toute façon, les journaux de demain raconteront tout, alors vous ne raterez pas les dernières nouvelles. Dois-je vous escorter jusqu'à la sortie ?

Non, l'homme guéri de son insolence ne le souhaitait pas, et encore moins sa femme, qui lui agrippa le bras.

— Allez, viens, Tage. Avant qu'il n'y ait plus de places.

Tage se laissa entraîner, mais eut assez de présence d'esprit pour ne pas signaler au vigile antipathique que sa femme et lui roulaient depuis près de deux ans en Opel Corsa.

Dédé avait reçu pour consigne de parler générosité, générosité et générosité. Puis d'une once de Jésus et à nouveau de générosité. Autre commandement : donner procure plus de bonheur que recevoir, quiconque vide son porte-monnaie dans le panier de quête recevra une place au ciel, et celui qui n'entrouvre que prudemment sa bourse ne se verra pas systématiquement refoulé aux portes du paradis (selon le principe « les petits ruisseaux font les grandes rivières »).

— Et lève le pied sur les Alléluia, les Hosanna et ce qui te dépasse, recommanda Johanna.

Dédé devenait nerveux à l'approche de l'instant fatidique. S'il se censurait sur tout ce qu'il comprenait mal, il n'aurait plus grand-chose à dire.

Il demanda si réciter les noms latins de champignons dont les consonances très religieuses sonneraient bien aux oreilles des visiteurs peu versés sur le sujet était acceptable. Il fit une démonstration :

— *Cantharellus cibarius, Agaricus arvensis, Tuber magnatum...* Au nom du Père, du Fils et du Saint-Esprit, amen.

— Qu'est-ce qu'il raconte ? s'étonna Per qui venait d'entrer dans la sacristie.

— Je crois qu'il vient d'adresser une prière aux girolles, aux agarics et peut-être aux truffes.

Se tournant de nouveau vers Dédé, la jeune femme lui interdit de répéter ces mots et de penser seulement à l'amanite tue-mouches, quel que soit son nom scientifique.

— *Amanita muscaria*, lança Dédé avant qu'elle puisse l'en empêcher.

Johanna Kjellander déclara que ce n'était pas le moment de perdre son latin (tout en songeant que l'*Amanita muscaria* ferait sans doute meilleur effet qu'un Hosanna mal placé).

— Rappelle-toi que tu es un héros national, le nouvel Elvis ! souligna-t-elle en remplissant de vin un calice déniché la veille dans une armoire du XVIIIe siècle, dont le contenu avait sans doute plus de valeur que l'église tout entière.

Elle y avait aussi trouvé une boîte d'hosties au goût sans doute poussiéreux. Elle proposa le corps du Christ à Dédé, mais le prédicateur, qui était déjà en train de vider le calice, préféra une seconde ration de sang. Il avait planqué un sachet de brioches à la cannelle dans la chaire, au cas où il aurait besoin de se sustenter pendant le prêche.

39

Lorsqu'il fit son entrée, le prédicateur André fut accueilli par des hourras et des applaudissements à l'enthousiasme inégalé.

Il salua à droite, à gauche, puis au centre. Ensuite, il leva les deux bras jusqu'à ce que le public se calme.

— Alléluia ! fut son premier mot.

Les acclamations retentirent à nouveau.

— Hosanna !

En coulisse, Johanna souffla à l'oreille de Per qu'il ne manquait plus que l'amanite.

Mais Dédé enchaîna avec :

— Générosité, générosité, générosité !

— Ah, c'est mieux, soupira Johanna.

Tandis que deux classes du lycée Mälargymnasiet engagées pour la quête arpentaient les rangs à l'intérieur et à l'extérieur de l'église, Dédé le Meurtrier continuait son prêche.

— Le sang et le corps du Christ ! s'écria-t-il, déclenchant de nouveaux vivats.

— L'ordre officiel est « le corps et le sang », chuchota Johanna. Mais chacun ses priorités.

— Du moment qu'il ne sort pas les brioches à la cannelle, espéra le réceptionniste.

Le prédicateur n'avait pas encore prononcé un seul mot à propos de sa propre histoire ou de sa nouvelle vocation. Ni aucune phrase complète, d'ailleurs. Ça ne semblait pas nécessaire, au grand étonnement du pasteur et du réceptionniste. Le public idolâtrait Dédé le Meurtrier comme… eh bien, Elvis.

Le meurtrier posa une antisèche devant lui. Il avait déniché des citations fantastiques pendant ses lectures de la Bible dans le camping-car.

— Je répète les mots que saint Paul écrivit un jour à Timothée : « Cesse de ne boire que de l'eau, mais prends un peu de vin, à cause de ton estomac. »

Per se plaqua la main sur le front et Johanna blêmit. Qu'est-ce que ce dément avait écrit de plus sur son papier ?

Des rires et sourires satisfaits se mêlèrent aux hourras ; tout était encore amour.

Cachés dans une niche fermée d'une draperie, légèrement à gauche derrière la chaire, le pasteur et le réceptionniste étudièrent le public à loisir. Les lycéens circulaient rapidement le long des rangées de bancs, presque tous les spectateurs offraient une petite pièce…

— Je me trompe ou les plus contents donnent les plus grosses sommes ? souffla Per.

Le pasteur observa la foule tandis que Dédé le Meurtrier continuait à piocher dans ses notes :

— Le prophète Habacuc lui-même avait des visions de vin. Comme le disent les Écritures : « Bois aussi toi-même, et découvre-toi ! La coupe de la droite de l'Éternel se tournera vers toi. »

La citation, bien que hors contexte, réchauffa un peu plus l'atmosphère. Johanna Kjellander constata que son amoureux avait raison. Quand les paniers ne suffirent plus, les lycéens prirent des seaux et un spectateur déposa même son porte-monnaie dans l'un d'eux !

Johanna ne jurait pratiquement jamais, habitude qu'elle tenait de son pasteur de père. Il ne proférait de grossièretés qu'en de rares occasions. Surtout les dimanches, jour de sermon. À son réveil, le pasteur s'asseyait au bord du lit, glissait les pieds dans les pantoufles que son épouse plaçait toujours au même endroit et, se rappelant ses fonctions, résumait ainsi la journée qui venait à peine de commencer :

« Oh, merde alors ! »

Les mots que prononça la jeune femme en observant les billets de cinq cents couronnes et le porte-monnaie dans un seau étaient donc d'autant plus notables. Elle décida que, « ben, mon salaud ! », elle n'avait jamais rien vu de tel. Pour sa défense, elle chuchota si bas que nul ne l'entendit.

Pour ne rien gâcher, Dédé redressa le cap au cours des vingt dernières minutes. Il rendit grâce au Christ d'avoir permis à un misérable meurtrier de renaître, salua son amie la reine, la remerciant pour son soutien, et lut d'autres citations sur son papier, plus pertinentes que les premières.

— « Dieu a tant aimé le monde qu'il a donné son Fils, son unique, afin que quiconque croit en lui ne périsse pas, mais ait la vie éternelle. »

Puis, sous un tonnerre d'applaudissements, il répéta ces mots à peine audibles :

— Générosité, générosité, générosité. Alléluia, Hosanna et amen !

Sur cet « amen » imprévu, plusieurs spectateurs, pensant que le prédicateur avait terminé (il n'en était pas sûr lui-même), se ruèrent vers lui, talonnés par au moins trois cents autres. Voilà ce que c'était d'être Elvis !

Au sermon succéda une séance de deux heures et demie de dédicaces ou de selfies d'admirateurs posant à côté du saint homme. Pendant ce temps, Per et Johanna récompensèrent chacun des lycéens d'un billet de cent couronnes prélevé dans la quête, puis comptèrent le reste.

Seul un homme resta en retrait au fond de l'église. Pour une fois, il n'avait pas de râteau en main (le service de sécurité aurait de toute façon confisqué l'outil).

— Merci, Seigneur, de m'avoir donné la mission de mettre de l'ordre dans ce chaos, murmura Börje Ekman.

Le Seigneur ne répondit pas.

40

L'inauguration avait rapporté quatre cent vingt-cinq mille couronnes, une fois les pourboires aux lycéens payés. Cela signifiait vingt et un mille deux cent cinquante couronnes pour les gardes du corps, Dédé le Meurtrier, la caisse des frais généraux et pour la bienfaisance. Les trois cent quarante mille couronnes restantes disparurent dans la valise jaune des amoureux, dissimulée dans l'armoire XVIIIe siècle à la sacristie, la rouge attendant son heure (les valises n'étaient pas le meilleur coffre-fort au monde, mais Per insista pour y rassembler toutes leurs recettes afin que, en cas de crise, le décollage n'excède pas trente secondes).

Ce soir-là, Dédé reçut une bouteille de vin rouge supplémentaire, en récompense de son bon travail et pour marquer la promesse qu'il ne devrait pas attendre plus d'une vingtaine de semaines avant d'effectuer un nouveau don de cinq cent mille couronnes au destinataire de son choix.

— Fantastique ! s'exclama-t-il. Mais j'aimerais bien

grignoter quelque chose. Je peux emprunter cinq cents couronnes ?

Le réceptionniste s'aperçut qu'ils avaient omis de dire au meurtrier qu'il percevrait un salaire, mais puisque Dédé n'en avait pas réclamé, Per décida de laisser la question en l'état, c'est-à-dire ignorée.

— Bien sûr, répondit-il. Tiens, les voilà ! Mais ne les dépense pas d'un coup ! Et si tu sors, emmène Jerry !

Contrairement au prédicateur, Jerry le Couteau savait compter. Vingt et un mille deux cent cinquante couronnes ne couvraient pas les frais de son équipe.

« Disons le double, alors », avait suggéré Per.

Les gardes perçurent donc ce qui aurait dû revenir au meurtrier laissé dans l'ignorance, n'entraînant ainsi aucun déficit dans la cagnotte.

Mais, avant que Dédé ait eu le temps de s'éloigner avec Jerry le Couteau, un inconnu pénétra dans la pièce.

— Quelle merveilleuse soirée au service du Seigneur ! dit-il en souriant.

— Vous êtes ?..., demanda Johanna Kjellander.

— Je m'appelle Börje Ekman et je suis depuis trente ans le sacristain de l'église. Presque trente et un. Ou vingt-neuf, selon la manière de compter. La paroisse est restée un moment en jachère.

— Le sacristain ? répéta Per.

« Ennuis à l'horizon », pensa Johanna.

— Ah oui, merde ! J'aurais dû vous en parler !

lança Jerry le Couteau, oubliant dans sa surprise de châtier son langage.

— Bon retour dans notre église, le salua Dédé, enchanté par les louanges reçues de deux sources en l'espace de quelques minutes.

Puis il sortit, non sans serrer Börje Ekman dans ses bras au passage.

— Allez, Jerry, on y va. J'ai soif. Enfin, je veux dire, j'ai faim !

41

Börje Ekman ne parvint à soulever aucun des quatorze points observés pendant l'office. Le réceptionniste et le pasteur le poussèrent doucement hors de l'église en promettant d'en parler très vite. Le sacristain protesta qu'en dehors de quelques détails essentiels concernant le message, le style, l'horaire et d'autres broutilles, il n'avait pas grand-chose à discuter. Il savait comment organiser une activité paroissiale bénévole et avait déjà établi le contact avec quelques visiteurs.

— Au fait, combien avons-nous perçu ce soir ?

— Nous n'avons pas encore compté, mais sans doute un peu plus de cinq mille couronnes, répondit du tac au tac le réceptionniste, en espérant n'avoir pas trop minoré la somme.

— Ouh là ! dit Börje Ekman. Le record de la paroisse ! Imaginez ce que nous toucherons quand j'aurai peaufiné l'organisation, le contenu et la majorité du reste. Je vous fiche mon billet que nous exploserons le plafond de dix mille couronnes la journée !

« De gros, gros, gros ennuis à l'horizon », pensa Johanna.

Sur un « Je reviens lundi refaire une beauté à l'allée, alors nous nous verrons peut-être », Börje Ekman quitta enfin la sacristie.

— Pas moyen d'être heureux pour de vrai ! pesta Per.

Johanna partageait son avis, mais ils devraient attendre avant de renvoyer l'intrus qu'ils n'avaient jamais embauché. Pour l'instant, l'heure était aux réjouissances et au festin de sept plats à l'hôtel. Et surtout, au développement de l'activité sur la base de cette première expérience.

Après avoir trinqué avec un verre d'anwilka sud-africain de 2005, Johanna exposa sa nouvelle idée :

— Le vin de messe !

— Je sais, beurk ! fit le réceptionniste.

— Non, au contraire !

Elle ne pensait pas au pinard qui maintenait Dédé le Meurtrier à flot, ni au vin de messe au sens propre, mais plutôt dans une acception adaptée à l'Église d'André.

— Tu peux développer ? l'encouragea le réceptionniste en buvant une nouvelle gorgée du nectar sud-africain à plus de deux mille couronnes la bouteille.

Eh bien, la générosité des visiteurs augmentait avec leur degré de satisfaction. Dédé le Meurtrier apportait le bonheur aux gens (à l'exception de leur couple et, peut-être, d'un sacristain misérable) et donc la prodigalité. Un peu de vin pour accompagner le tout les rendrait encore plus heureux, *ergo* plus généreux ! Johanna conclut que, s'ils arrivaient à imbiber chaque visiteur d'un verre de vin, voire d'une demi-bouteille – selon l'envie et la corpulence de chacun –, les recettes du samedi doubleraient certainement. Pas de cinq mille couronnes à dix mille, comme l'avait auguré le type au râteau, mais de cinq cent mille à un million.

— Vin de messe à volonté, alors ?

— Je préférerais une autre appellation contrôlée. Du moins entre nous. « Stimulant économique » sonne mieux.

— Et la licence de débit de boissons ?

— Je ne crois pas que nous en ayons besoin. Dans ce merveilleux pays rempli d'interdictions et de règlements qu'est la Suède, on a le droit de déboucher autant de bouteilles qu'on veut tant que cela reste dans l'enceinte de l'église. Mais, par sûreté, je me renseignerai dès lundi. À ta santé, mon amour ! Voilà ce que j'appelle un bon vin. Bien trop bon pour notre église.

42

Le lundi suivant, à 9 h 01, en sa qualité d'assistante du prédicateur d'une toute nouvelle congrégation, Johanna Kjellander appela de la sacristie l'administration régionale des licences alcool et tabac pour savoir s'il fallait un permis pour servir du vin de messe pendant l'office.

Non, fut la réponse de l'austère représentant. On pouvait servir du vin de messe librement.

Johanna s'enquit ensuite des éventuelles restrictions de volume par personne.

L'homme rigide se raidit un peu plus. Soupçonnant une nuance inconvenante dans la question, il décida de compléter la réponse officielle par une réflexion personnelle.

— L'autorité de délivrance des licences n'a certes pas d'opinion sur les quantités de vin liturgique, mais la finalité de la loi n'est certainement pas d'encourager les fidèles d'une église à s'enivrer. On pourrait redouter, par exemple, que le message ne soit pas compris, en cas d'abus.

Johanna faillit répliquer qu'il valait peut-être mieux que le message délivré par Dédé passe à la trappe, du moins en partie, mais elle remercia vivement son interlocuteur et raccrocha.

— Nous avons carte blanche ! annonça-t-elle à Per.

Puis elle se tourna vers Jerry le Couteau.

— Il nous faut au bas mot neuf cents litres de vin rouge d'ici à samedi. Tu peux arranger ça ?

— Bien sûr, répondit Jerry, qui avait un carnet d'adresses long comme le bras. Deux cents cubis de cinq litres de merlot de Moldavie à cent couronnes la brique, ça ira ? Il n'est pas si…

« Mauvais », allait-il dire.

— Alcoolisé ? le coupa Johanna.

— Suffisamment.

— Dans ce cas, c'est parti. Prends plutôt quatre cents cubis. On aura de la réserve pour les offices ultérieurs.

43

Börje Ekman ratissait son allée. Elle était à lui et à personne d'autre. Dédé le Meurtrier passa par là, Jerry le Couteau silencieux sur les talons. Le prédicateur complimenta le ratissage et se vit offrir les louanges de son premier sermon.

— Il n'y a pas grand-chose à y redire, le flatta Börje Ekman avec un sourire.

Ce pieux mensonge servirait de tremplin dans son plan en trois étapes pour :

1) Obtenir un droit de regard sur le sermon ;

2) Fournir au prédicateur les notes que celui-ci devrait utiliser, pour ensuite…

3) … comme au bon vieux temps, écrire lui-même le prêche dominical.

En voilà une idée farfelue, d'ailleurs, l'office le samedi soir ! Il y remédierait dans la phase B. Ou la C, selon les difficultés à prévoir avec le prédicateur, le pasteur et l'autre type.

Jerry le Couteau, qui suivait le meurtrier comme

son ombre, eut le bon sens de rapporter au couple Per-Johanna le début d'amitié entre le prédicateur et l'autoproclamé sacristain.

— De gros, gros, gros, gros, gros ennuis, prédit la jeune femme.

Son amoureux acquiesça. Que Börje Ekman s'institue sacristain sans avoir été nommé à ce poste était le moindre des problèmes. Mais il était presque marié à la paroisse et peu importe combien de fois Jerry le Couteau et son équipe le chasseraient, il reviendrait. Et il finirait par découvrir le montant réel des collectes. En outre, il risquait de faire tourner la tête déjà bien assez désaxée du prédicateur et la situation échapperait alors au contrôle des inventeurs de la juteuse combine.

— Jerry, la prochaine fois que Dédé et toi croisez Börje Ekman, essaie d'entraîner le vieux gâteux dans l'autre direction, dit Per Persson.

— Lequel ? Le meurtrier ou le type au râteau ?

44

Compte tenu des circonstances, l'inauguration de l'Église d'André s'était déroulée bien mieux qu'on aurait pu l'espérer. Les journaux s'étaient déplacés et assurèrent gratuitement la publicité du prédicateur, décrivant son succès et spéculant sur le destinataire du prochain don de cinq cent mille couronnes. Le sermon ne les avait pas particulièrement impressionnés, mais il n'y avait rien à redire sur la dévotion du prédicateur et de la congrégation.

Quelques jours plus tard, la presse se fendit d'un nouvel article. Selon une source anonyme, le café offert pendant l'office serait remplacé la semaine suivante par autant de vin de messe qui, disait-on, représentait un élément important de la liturgie du prédicateur. Celui-ci célébrerait le service religieux toute l'année, chaque samedi à 17 heures précises, avait ajouté l'informateur. Si par hasard le réveillon de Noël tombait le jour de l'office, on servirait pour l'occasion un vin chaud aux épices.

— Dieu soit loué pour l'invention des sources anonymes, dit Per en lisant la publicité gratuite dans les tabloïds nationaux.

— Où dans la Bible as-tu lu que c'est Dieu qui les a inventées ? objecta Johanna.

Quand le samedi arriva, la foule afflua de nouveau, en nombre moins important cette fois. Le pasteur et le réceptionniste s'y attendaient. Beaucoup de gens ayant déjà obtenu leur autographe ou leur photographie ne se déplaceraient pas une seconde fois pour payer la même chose. Malgré tout, un peu plus de cent paroissiens ne trouvèrent pas de place entre les murs de l'église.

Le week-end précédent, on avait disposé des thermos de café toutes les vingt places. Aujourd'hui, il y avait un verre à vin à côté de chaque siège et un cubi moldave tous les cinq mètres.

Personne n'osa toucher au vin avant l'entrée du prédicateur, à 17 heures sonnantes.

Debout, dans le même coin reculé, Börje Ekman.

Déjà profondément confus.

— Alléluia et hosanna ! lança le prédicateur André, qui se sentait le gosier sec, avant d'aller droit au but. Mes amis, Jésus a enduré la souffrance de l'humanité. Commençons donc par lui porter un toast !

Tandis que Dédé le Meurtrier se versait une rasade du calice, un brouhaha s'éleva des bancs. Il y a peu de choses plus embarrassantes que trinquer avec un verre vide.

Le prédicateur, qui mourait d'envie d'avaler son vin d'une traite, attendit pourtant qu'assez de fidèles se soient servis.

— À Jésus-Christ ! dit-il en buvant goulûment.

Plus de sept cents des huit cents personnes dans l'église l'imitèrent. La majorité fut immédiatement pompette.

Après un « ça fait du bien par où ça passe » inconvenant, le prédicateur entama son prêche. Il expliqua qu'il n'était qu'un simple serviteur du Seigneur et que, par le passé, il ne comprenait pas que le chemin du ciel passait par le sang et le corps du Christ. Par chance, il avait eu une illumination et, surtout, il pouvait la révéler à la congrégation ici réunie. Cela tenait à l'origine du vin de messe. On n'allait pas entrer dans les détails, mais en bref, peu avant la crucifixion, Jésus avait eu un petit creux et il avait invité ses copains pour une dernière fiesta. Tout Christ et apôtres qu'ils étaient, ils avaient abusé de la dive bouteille plus qu'on le soupçonnait – de récentes recherches conduites par le prédicateur André le démontraient. Un certain temps s'étant écoulé jusqu'à la crucifixion, il y avait fort à parier que Jésus avait été accroché sur le mont du Golgotha avec une gueule de bois carabinée. Ce qui expliquait sans doute son cri de détresse : « Mon Dieu, mon Dieu, pourquoi ?... »

Une fiesta ? Le Christ ivre sur la croix ? Börje Ekman n'en croyait pas ses oreilles.

Grâce à une nouvelle antisèche, le prédicateur replaça élégamment la citation prise dans l'Évangile selon saint Marc, 15.34. Il digressa ensuite malgré lui sur le fléau de la gueule de bois avant de revenir au Messie sur la croix. Selon le prédicateur André, les paroles les plus intéressantes qu'avait prononcées le Christ avant de quitter ce monde étaient : « J'ai soif ». (Jean 19.28.)

Voilà pour le sang du Christ. Quant au corps… Non, de toute façon, il était temps de lever une nouvelle fois son verre au nom du Seigneur, pour que tous expérimentent l'ivresse au lieu de rester bras ballants.

Il ne fallut pas longtemps pour que la totalité de la congrégation ou presque soit ivre. Le prédicateur trinqua encore trois fois pendant son explication originale sur le vin de messe avant de passer au point suivant :

— On dit qu'ils ont aussi rompu le pain pour accompagner le vin, mais franchement : du pain nature avec le vin rouge ! Voulons-nous vraiment honorer ainsi le Seigneur et son Fils ?

De faibles « non » s'élevèrent de différentes directions.

— Je n'ai rien entendu ! tonna Dédé. Voulons-nous vraiment les honorer ainsi ?

— Non ! clamèrent un nombre accru de voix.

— Je ne vous entends toujours pas ! réclama Dédé.

— Non ! crièrent l'église entière et la moitié du parking.

— Cette fois, je vous ai entendus ! Vos désirs sont des ordres.

Réagissant à un signal, les quatre classes du lycée Mälargymnasiet se mirent au travail. Chaque élève tenait d'une main un seau pour récolter les billets – ou, au pire, quelques pièces –, et de l'autre un plateau chargé de différents biscuits, de grappes de raisin sans pépins, de beurre et de fromage. Les plateaux circulaient de paroissien en paroissien et, quand une denrée menaçait de manquer, les lycéens les réapprovisionnaient sur-le-champ.

Face à son public, le prédicateur attrapa un peu de la nourriture terrestre et mastiqua avec plaisir.

— Miam ! De la Tête de Moine !

Après avoir vécu plusieurs semaines de sang du Christ agrémenté seulement d'un ou deux hamburgers et d'une brioche à la cannelle, Dédé le Meurtrier avait jugé bon de se renseigner un peu sur le vin de messe (mais pas trop, hein !). Il y avait été encouragé par Johanna qui redoutait qu'en ne débitant que des âneries le samedi leur prédicateur soit incapable d'encourager le public à effectuer assez de dons pour se rapprocher du royaume des cieux. Ce qui, à long terme, rapporterait autant qu'une entreprise de punitions corporelles sans exécutant pour appliquer les peines.

Le vin de messe n'était pas la seule manière de stimuler la beuverie qui battait son plein dans la maison du Seigneur et autour. Cette fois, le pasteur avait au préalable jeté un coup d'œil à l'antisèche du meurtrier et rajouté une citation ou deux qui, espérait-elle, influenceraient l'ambiance et donc la générosité.

Le prédicateur pourrait raconter que c'était Noé qui avait planté la vigne sur cette terre et avait été par conséquent le premier homme à se prendre une bonne cuite. Toujours selon la Genèse 9.21, il avait cuvé son vin, nu dans sa tente. Quand il avait émergé des brumes, il avait engueulé un de ses fils sous l'effet de sa gueule de bois (« toujours cette satanée gueule de bois ! »). Il vécut encore trois cent cinquante ans en plus des six cents qu'il avait déjà au compteur.

— Levons donc nos verres une dernière fois, conclut le prédicateur André. Nous buvons le sang du Christ. Le vin a donné à Noé une vie de neuf cent cinquante ans. Il serait mort sinon depuis longtemps.

Per songea que Noé l'était déjà mais, dans l'ensemble, le prédicateur s'en tirait plutôt bien.

— À la vôtre, et à samedi prochain ! conclut le prédicateur en vidant le calice.

Per claqua des doigts pour signifier aux lycéens de quêter encore une fois dans les rangs. Ce passage rapporta dix mille couronnes en plus des sommes déjà engrangées, même si, malheureusement, une vieille dame avec un boa en plumes autour du cou eut le mauvais goût de vomir dans l'un des seaux.

Tandis que les paroissiens quittaient l'église en vacillant, ivres de bonheur mais pas que, Johanna et Per firent les comptes de la soirée. Selon une estimation rapide, ils avaient gagné cette fois plus d'un million de couronnes. En bref, un très bon retour sur investissement du vin moldave et des amuse-gueules.

Les valises d'argent étaient déjà sous clé quand Börje Ekman déboula dans la sacristie, QG de la fine équipe. Les joues rouges, il n'avait pas l'air content du tout.

— Alors, pour commencer..., lança-t-il de but en blanc.

— Pour commencer, vous pourriez apprendre à dire bonjour ! le rembarra Per Persson.

— Oh, Börje, en voilà une surprise ! se réjouit le meurtrier dur d'oreille. Comment tu as trouvé le nouveau sermon ? Aussi bon que la dernière fois ?

Börje Ekman ne fut déstabilisé qu'un court instant.

— Bonsoir à vous tous, reprit-il. J'ai beaucoup de choses à critiquer. Primo, il y a un désordre monstre devant l'église. Au moins quatre voitures se sont embouties en faisant marche arrière et les gens traînent les pieds sur l'allée de gravier, ce qui implique deux fois plus de travail pour moi lundi...

— Dans ce cas, on ferait peut-être bien de l'asphalter aussi. Ça s'harmoniserait avec le parking, proposa Per, d'humeur belliqueuse.

Asphalter l'allée de gravier ? Pour Börje Ekman, cela revenait à jurer dans une église. Alors qu'il essayait de digérer cette proposition blasphématoire, Dédé le Meurtrier, bien plus imbibé que ne le permettait sa constitution, revint à la charge :

— Bon, alors ? Dis-moi ce que tu as pensé de mon foutu sermon !

Jurer dans une église, c'était aussi grave que... eh bien, jurer dans une église, estima Börje Ekman.

— Mais qu'est-ce qu'il se passe ici, à la fin ? demanda-t-il en regardant le seul seau dont le contenu n'avait pas été transféré dans les valises : celui avec une couche de vomi au-dessus de sans doute plusieurs milliers de couronnes. Le sermon ? C'était une véritable orgie !

— À propos, tu n'en voudrais pas un petit verre, toi aussi ? proposa Dédé. Je ne peux pas te promettre que tu vivras jusqu'à neuf cent cinquante ans, mais tu seras de meilleure humeur.

— Une orgie ! répéta Börje Ekman. Dans la maison du Seigneur ! Vous n'avez pas honte ?

À cet instant, Johanna Kjellander en eut plus qu'assez. S'il y en avait un qui devait avoir honte, c'était ce satané M. Ekman ! Eux trois s'efforçaient de rassembler quelques malheureuses piécettes pour les plus démunis de la planète et il osait se plaindre de l'état d'une allée de gravier ! Au fait, combien avait-il donné à la quête ?

Le sacristain autoproclamé n'avait pas déposé une seule couronne. Il ressentit une brève seconde d'embarras avant de se ressaisir :

— Vous déformez les paroles de Dieu ! Vous transformez l'office et la messe en cirque ! Vous, vous... Combien d'argent avez-vous collecté ? Et il est où d'ailleurs ?

— Ce ne sont pas vos affaires ! rétorqua Per avec

colère. Tout ce qui compte, c'est que chaque couronne aille aux nécessiteux, non ?

Et à propos de nécessiteux, le couple d'amoureux avait troqué, une semaine plus tôt, le camping-car contre la suite Riddarholm à l'hôtel Hilton et elle n'était pas donnée...

Johanna suggéra à « monsieur Jerry ici présent » de montrer la sortie au soi-disant sacristain si d'aventure il ne la trouvait pas tout seul. Elle proposa ensuite, d'une voix plus douce, de se revoir quand les tensions seraient retombées. Le lundi suivant, par exemple.

Elle espérait calmer l'agitation momentanée, mais sans inciter le récalcitrant à se précipiter au poste de police ou autre bassesse du même acabit.

— Je trouverai ! répondit Börje Ekman. Je reviendrai lundi, oui, pour ratisser l'allée, balayer les bris de phares et sans doute nettoyer une ou deux flaques de vomi que je n'ai pas encore remarquées. Et samedi prochain, j'exige plus d'ordre qu'aujourd'hui, c'est bien clair ? Réunion à ce sujet à 14 heures !

— 14 h 30 ! corrigea Johanna, qui ne voulait pas lui laisser le dernier mot.

45

Parmi les rares personnes qui n'avaient pas bu une seule goutte de vin pendant la deuxième messe se trouvait une femme d'âge moyen, affublée d'une perruque blonde et de lunettes de vue d'agrément. Assise au dix-huitième rang, elle avait lâché vingt couronnes dans le seau à chaque passage, bien que cela lui fît saigner l'âme. Elle ne devait pas se faire remarquer. Elle effectuait une reconnaissance.

Nul dans l'église ne savait son nom. Et très peu de personnes au-dehors, d'ailleurs. Dans les cercles qu'elle fréquentait, on l'appelait simplement la comtesse.

Sept bancs derrière elle, deux hommes avaient entrepris de vider un des cubis moldaves. À la différence de la comtesse, ils ne donnèrent pas la moindre couronne pendant la collecte. Quiconque dans leur voisinage immédiat émettait une opinion sur la question se voyait menacer d'une raclée.

Les deux avares étaient là pour la même raison que la femme emperruquée. Le premier s'appelait Olofsson. Le second aussi. Et, bien qu'ils bouillent d'envie de réduire le prédicateur en charpie, leur mission visait au contraire à analyser ses chances de survie. Dédé le Meurtrier ne devait pas mourir. Surtout pas avant les faux aristos.

Le premier obstacle que rencontrèrent Olofsson et Olofsson fut le détecteur de métaux à l'entrée. Ils se virent obligés de retourner faire un tour pour cacher dans un buisson tout proche deux revolvers, qu'ils ne retrouvèrent pas à la sortie – la faute au cubi.

Tandis que leurs regards étaient encore vifs, ils remarquèrent un nombre significatif de gardes du corps. Olofsson aperçut le premier les deux tireurs dans le clocher et demanda à son frère de confirmer discrètement sa découverte, ce que fit Olofsson.

Ce soir-là, les frères firent leur rapport au reste du groupe qui avait voté à l'unanimité l'élimination du comte et de la comtesse. L'ébriété des espions perturba la réunion, mais les malfaiteurs parvinrent à arracher à Olofsson et Olofsson l'information que Dédé le Meurtrier semblait convenablement protégé pour le moment. S'en prendre à lui exigerait ingéniosité et détermination.

Hélas, ces deux qualités étaient les principaux attributs du comte et de la comtesse. Celle-ci annonça à son compagnon qu'heureusement pour Dédé, qui ne souffrirait ainsi pas autant qu'il le méritait, ils ne pourraient pas entrer dans l'église comme dans un moulin pour le transformer en passoire. La surveillance était bien trop étroite.

Le samedi n'était pas le meilleur moment pour frapper. Néanmoins, la semaine comportait six autres jours, pendant lesquels Dédé le Meurtrier n'était flanqué que d'un garde du corps.

— Un seul ? s'étonna le comte en souriant. Tu veux dire que d'un tir bien ajusté, de loin, Dédé se retrouverait avec un cadavre, tête explosée, à ses pieds ?

— En gros, oui. J'ai vu au moins une sentinelle dans le clocher, mais j'imagine qu'elle ne sera pas postée là toute la semaine.

— Autre chose ?

— Il faut s'attendre à ce qu'il y ait plusieurs gardes répartis autour de l'église. Le bâtiment a au moins quatre entrées qui doivent être probablement toutes surveillées.

— Cinq ou six gardes. Dont un qui colle au train de Dédé le Meurtrier ?

— Oui. Voilà tout ce que je sais pour le moment.

— Dans ce cas, je suggère que tu remettes ta perruque et que tu observes le secteur pour voir si notre futur cadavre ose pointer le nez hors de l'église. Dès que nous connaîtrons ses déplacements, j'abats son garde du corps, puis je loge une deuxième balle en plein dans l'estomac de Dédé le Meurtrier. Nous ne pouvons pas nous montrer trop exigeants sur le degré de souffrance infligé. Se vider lentement de son sang, les tripes en bouillie, n'est pas aussi douloureux que nous le souhaiterions, mais suffisamment désagréable compte tenu des circonstances.

La comtesse hocha la tête, déçue. Elle devrait s'en contenter. Mais les « tripes en bouillie » sonnaient bien. Le comte n'avait pas changé, songea-t-elle, avec un élan d'affection peu coutumier.

46

Olofsson et Olofsson s'étaient donc vu imposer la mission d'éliminer le couple de faux aristos. Les quinze autres malfaiteurs avaient réussi à rassembler l'argent promis, mais les exécutants désignés n'en toucheraient pas un öre avant d'avoir fourni des résultats.

Le problème, c'était le manque d'idées qui caractérisait la petite troupe. Le meneur en avait aussi peu que les frères Olofsson. Le criminel numéro neuf prit alors la réunion en main. Quelques nuits plus tôt, il avait, pour la deuxième fois, dévalisé l'entrepôt central de l'enseigne Teknikmagasinet à Järfälla. Il y avait là un large choix de matériel électronique. Ses complices n'avaient eu qu'à couper un câble jaune et un vert sur le tableau électrique pour désactiver le système de vidéosurveillance et, comble de l'ironie, ils avaient embarqué une palette de plus de cinq cents caméras de sécurité soigneusement emballées.

Numéro neuf avait aussi dérobé deux cents pèse-personnes (petite erreur), encore plus de téléphones cellulaires (jackpot !), divers GPS, quarante paires de jumelles et à peu près le double de distributeurs de chewing-gums qui, dans la pénombre du hangar, ressemblaient à des haut-parleurs.

— Si quelqu'un en veut, qu'il me fasse signe.

Personne ne se manifesta. Numéro neuf passa à l'équipement GPS.

— Nous avons une bricole à installer sur la voiture du comte et de la comtesse, ce qui permettra à chacun de voir leurs déplacements sur son téléphone portable. Ceux qui ont une dent contre eux ne trouveront sûrement pas inutile de savoir à tout moment où se trouve leur voiture.

— Et d'après toi, qui va poser en douce cette bricole ? demanda Olofsson, qui regretta immédiatement sa question.

— Toi ou ton frère, suggéra le meneur. Pensez à notre arrangement et à l'argent dont vous n'avez pour l'instant vu que la couleur.

— On ne sait pas ce qu'ils ont comme bagnole ! argua l'autre Olofsson.

— Une Audi Q7 blanche, répondit le malfaiteur numéro neuf, bien informé. La nuit, elle est garée devant leur maison à côté de sa jumelle. Il vous suffira de placer une puce sur les deux. Je vous donne l'adresse ? Et un troisième GPS pour y aller ?

Numéro neuf faisait l'effet d'un premier de classe, à égalité avec le meneur. Olofsson et Olofsson étaient à court d'arguments. Et terrifiés. Tomber sur le comte et la comtesse alors qu'ils remplissaient la mission qui leur incombait reviendrait à paraître devant le Créateur. Ou plutôt l'inverse.

Mais un million de couronnes, ça ne se refuse pas.

47

Le comte possédait un arsenal impressionnant. Il avait acquis nombre d'armes dérobées par d'autres au cours des années. Et il s'était beaucoup entraîné dans la maison de campagne que la comtesse, à force d'insistance, l'avait convaincu d'acheter dix ans plus tôt. Les séances de tir avaient été divertissantes autant qu'utiles. On ne savait jamais quand un conflit sérieux pouvait éclater parmi les vendeurs de voitures.

Ironie du sort, la pièce la plus rare de sa collection provenait de l'armoire d'un comte authentique établi au nord de la capitale : un fusil juxtaposé, calibre 9.3 x 62, avec lunette de visée. L'arme était particulièrement efficace quand on croisait le chemin d'un éléphant, fait rare dans la région de Stockholm. La lunette, dans ce cas, aurait été superflue, à moins que le noble détroussé ait été myope comme une taupe, pensait le faux comte.

Qu'importe. Un rapide aller-retour à la campagne pour la rapporter. Il chargerait un canon d'une balle demi-blindée et l'autre d'une blindée. La première atteindrait le garde du corps entre les deux yeux et lui pulvériserait le crâne. Ensuite, le comte n'aurait qu'à détourner rapidement l'arme de quelques millimètres et le second projectile fuserait vers la région du nombril de Dédé le Meurtrier. La balle blindée lui traverserait le corps de part en part, mais causerait des dégâts irrémédiables sur son chemin. L'ancien homme de main ne succomberait pas sur le coup et, au-delà de la terreur du trépas, il éprouverait d'horribles douleurs. Il se viderait littéralement de son sang. Trop vite au goût de l'aristocrate, mais aussi lentement que l'autorisaient les circonstances.

Par fierté masculine, le comte s'était d'abord figuré une distance de tir de cent cinquante mètres, mais bon, se rapprocher un peu n'aurait rien d'infamant.

Il remercia en pensée son presque frère d'armes, amateur de safari, de n'avoir pas eu le bon sens de verrouiller son armoire à fusils.

48

Un million cent vingt-quatre mille trois cents couronnes. Sans compter les billets sous la couche de vomi,
au fond du seau dont le pasteur et le réceptionniste ne
connaîtraient jamais le montant exact. Après examen
oculaire, le représentant des lycéens, accroupi et le
nez pincé, estima qu'il contenait plus d'argent que les
cent couronnes qu'aurait dû percevoir chacun de ses
camarades, lui compris, et préféra le seau.

— Parfait, dit le pasteur. Tu peux l'emporter.

— À samedi prochain, lança l'élève en sortant.

Johanna ouvrit la nouvelle porte blindée de la sacristie pour aérer (Jerry le Couteau avait prévu que l'issue
de secours supplémentaire en temps de guerre serve
aux livraisons en temps de paix). Elle ne souhaitait
pas le moins du monde s'exposer avec ses acolytes,
mais elle jugeait le risque actuel minime. Un garde
était posté à la porte et Jerry le Couteau, comme toujours, accroché aux basques de Dédé le Meurtrier. De
plus, seule l'herbe poussait sur les cent mètres d'espace

découvert jusqu'à la route proche, et de l'autre côté ne se dressait qu'un petit bosquet. Un tireur embusqué là aurait besoin d'une lunette de visée pour les abattre.

La réunion dominicale s'ouvrit sur le bilan financier de la veille, pour la simple raison que Dédé dormait encore du sommeil du juste. Sinon, la question aurait été reportée.

Cette fois, la somme brute atteignait environ six cent vingt-cinq couronnes par visiteur, soit presque six cents nets.

— Je crois que nous avons atteint un bon équilibre entre ivresse et générosité, déclara Johanna Kjellander, satisfaite.

Au même instant, le meurtrier entra dans la pièce d'une démarche peu assurée. Il avait entendu les derniers mots du pasteur et lui fit part d'une idée qu'il avait eue : pourquoi ne pas placer des bassines à vomi entre les bancs ? Peut-être le chaland reprendrait-il un peu de vin de messe après la purge ?

Le pasteur et le réceptionniste montrèrent moins d'enthousiasme à cette suggestion que Dédé l'aurait cru. Cet arrangement risquerait de gâcher l'atmosphère de dévotion. Quelle que soit la manière de voir les choses, une bassine à vomi n'avait rien de divin, que Noé ait été bourré sous sa tente ou non.

— Et nu, ajouta Dédé pour souligner combien le personnage avait dû être mal en point.

Le meurtrier ressortit. Le bistrot et les divertissements l'appelaient, car il n'avait pas réussi à dépenser dès le samedi soir les cinq cents couronnes de la semaine. Et puis, il trouvait les réunions dominicales barbantes. Toutes les réunions en fait. Sans son idée à propos des bassines à vomi, il aurait été assis devant son premier verre depuis longtemps.

À nouveau seuls, Per et Johanna abordèrent la question du fichu sacristain qui menaçait de faillite leur entreprise. L'entretien du lendemain serait capital. Johanna ne voyait que deux solutions : lui flanquer la trouille de sa vie, ce que Jerry le Couteau accomplirait sans difficulté, ou l'inviter à rejoindre leur culte…

— Tu veux dire le corrompre ?

— Quelque chose de cet acabit. Par exemple, son ratissage nous enchante et nous lui offrons vingt mille couronnes par semaine pour qu'il se consacre exclusivement à l'allée.

— Et s'il refuse ?

Johanna soupira.

— Dans ce cas, le chef de la sécurité participera à la conversation. Avec son couteau.

L'inquiétude du pasteur et du réceptionniste était parfaitement justifiée : Börje Ekman estimait que l'archevêque devait être mis au courant de ce qui se tramait. Mais il s'agissait d'une femme, une étrangère, en plus ! Une Allemande. Ses compatriotes étaient des gens corrects, bien qu'ils commettent parfois des excès en matière d'alcool, mais, différence de taille, jamais au nom de l'Église. Quand même, elle restait une étrangère. Et une femme. En plus, l'Église d'André, simple mouvement dissident des plus vulgaires, ne reconnaissait pas l'autorité de l'archevêché.

Le sacristain devait tout de même agir. Appeler la police ? Pour quel motif ? Ou plutôt le Trésor public ? Oui, un tuyau anonyme à propos d'irrégularités financières donnerait certainement de meilleurs résultats !

Bon, lundi, il avait une allée à ratisser, puis un entretien avec un pasteur impie et sa clique. Il comptait bien se faire entendre ! S'il échouait, alors il contacterait le Trésor public et passerait aux plans B et C. Ne restait plus qu'à les inventer.

49

Ce même dimanche après-midi, tandis que Johanna et Per ressassaient de sombres pensées à propos de Börje Ekman, le prédicateur André, d'humeur rayonnante, réapparut. Il revenait de la place Stureplan, au centre de Stockholm, où les bars côtoient les bains publics, et le passage des uns aux autres lui avait mis du baume au cœur et au corps.

— Salut, la compagnie ! lança-t-il. En voilà des visages moroses !

Fraîchement douché et rasé de près, il portait une chemisette. Ses bras étaient recouverts de tatouages, notamment un poignard, une tête de mort et deux serpents tout en ondulations. Johanna prit note mentalement de ne jamais le laisser prêcher sans veste.

— Eh, j'ai dit : « En voilà des visages moroses » ! On pourrait peut-être parler du prochain sermon, non ? J'ai quelques idées.

— Nous essayons de réfléchir, répliqua Per. Ce serait sympa de ne pas nous déranger.

— Réfléchir, vous n'avez que ce mot à la bouche !
Que diriez-vous de profiter de la vie de temps en
temps ? « Les humbles posséderont le pays, ils jouiront
d'une paix totale. » Psaumes, chapitre 37, récita Dédé.

Johanna trouvait diabolique qu'il lise autant ce bouquin. Elle le détailla des pieds à la tête :

— Et selon le Lévitique, chapitre 19, tu ne te raseras pas et ne te feras pas non plus tatouer les bras,
alors ferme-la une minute, s'il te plaît.

— Bien dit ! approuva son amoureux avec un sourire, tandis que Dédé s'éloignait d'un air penaud avec
ses joues glabres, ses crânes et ses serpents entortillés.

Le dimanche céda la place au lundi sans qu'ils
trouvent de solution au problème Börje Ekman en
dehors des deux possibilités mentionnées plus haut.

Le lundi matin, le sacristain se mit au travail avant
9 heures. Il avait un programme chargé. D'abord ratisser l'allée, bien sûr. Puis nettoyer certains endroits du
parking et ramasser les débris dus aux collisions entre
voitures à la suite du record d'ivresse au volant du
pays, deux jours plus tôt. Personne n'avait eu à souffler
dans le ballon, les policiers de Stockholm préféraient
procéder aux contrôles d'alcoolémie aux moments où
tout le monde était sobre (eux compris).

Aux alentours de 11 heures, Börje fit une pause. Il
s'assit sur un banc de l'allée et déballa un sandwich

au saucisson et une petite bouteille de lait. Les yeux dans le vague, il soupira pour la énième fois en remarquant des déchets entre les rosiers qui lui faisaient face et qui présentaient l'avantage de masquer le parking. Les ivrognes ne connaissaient donc pas de limites à la saleté ?

Qu'est-ce que c'était que ça ? Posant son casse-croûte, Börje s'approcha pour mieux voir.

Un… un revolver ? Non, deux !

Il eut soudain le vertige. Se trouvait-il au cœur d'une affaire criminelle ?

Il songea alors à la réponse qu'il avait reçue quand il s'était enquis des chiffres de la quête. Cinq mille couronnes ? Dieu tout-puissant, comme il avait été naïf ! Voilà pourquoi ils imbibaient les visiteurs de vin ! Pour qu'ils mettent toujours plus dans les seaux, y compris une couche de vomi sous laquelle il y avait sans doute une somme plus élevée que le total avancé par le trio.

Un ancien meurtrier, un pasteur qui ne croyait manifestement pas en Dieu et un… peu importe ce qu'il était. Un dénommé Per Persson. Ça sentait le pseudonyme à plein nez.

Et qui encore ? Jerry le Couteau, celui qui ne s'éloignait jamais du prédicateur. Cette bande d'impies se moquait éperdument du Seigneur et des enfants qui meurent de faim, elle ne se souciait que d'elle-même, comprit Börje Ekman qui, peu ou prou, avait agi de la même manière toute sa vie.

C'est à cet instant précis, après toute une existence

terrestre à son service, que le Seigneur s'adressa à lui pour la première fois : « Toi seul, Börje, peux sauver ma demeure, et nul autre. Toi seul, tu as vu la folie qui se déroule ici, toi seul as compris. C'est à toi de faire le nécessaire. Va, Börje, agis ! »

— Oui, Seigneur, répondit Börje Ekman. Dis-moi, que dois-je faire ? Commande et j'obéirai. Montre-moi la voie.

Mais Dieu, comme son Fils, parlait quand il en avait le temps et l'envie. Ce fut également la dernière occasion où l'un ou l'autre s'adressa à sa brebis. Jamais plus Börje Ekman n'entendit des voix.

50

Sous prétexte d'une migraine, le sacristain décommanda le rendez-vous de 14 h 30, ajoutant que l'objet de l'entretien n'était tout compte fait pas si urgent. Johanna s'étonna d'apprendre qu'il n'y avait plus le feu au buisson ardent, mais, ayant des choses à faire, elle se contenta de conclure que la situation, qui menaçait de prendre soit un tour soit un autre, avait emprunté une troisième direction.

Ô combien elle se trompait.

Börje Ekman voulait simplement mettre de l'ordre dans ses idées. Il regagna à vélo son studio avec kitchenette.

— Sodome et Gomorrhe, marmonna-t-il en aparté, songeant aux villes bibliques où le péché avait régné au-delà de toute mesure, jusqu'à ce que le Seigneur y mette bon ordre. Sodome, Gomorrhe… et l'Église d'André.

Peut-être la situation devait-elle empirer avant de s'améliorer.

Telle avait été l'analyse du président Nixon à propos du Vietnam. Seulement, après avoir empiré, la catastrophe avait redoublé d'intensité. Au bout du compte, Nixon avait démissionné (quoique pour d'autres raisons que la guerre du Vietnam).

L'histoire avait la vilaine habitude de se répéter. Un stratagème commença à germer dans l'esprit du sacristain. En plus du recours au Trésor public. D'abord pire, ensuite mieux (c'était l'idée).

Et quid du résultat final ? D'abord pire, puis doublement pire, après quoi Börje Ekman capitulerait lui aussi.

La comtesse, en pleine reconnaissance rapprochée, était accroupie dans un bosquet avec vue sur la nouvelle porte latérale. Le massif se dressait à moins de cent vingt mètres de l'édifice, de l'autre côté de la route. C'était mercredi, jour de la livraison de vin, apporté par un fourgon. Les cartons étaient portés un à un dans l'église. Entre le véhicule et la porte, un vigile avec un fusil d'assaut mal dissimulé montait la garde.

Par les battants entrouverts, la comtesse distingua ceux qui devaient être Johanna Kjellander et Per… Machin. Et à côté d'eux, Dédé le Meurtrier et son foutu garde du corps.

Grâce à la lunette de visée, elle constata que l'homme n'appartenait pas à son cercle de connaissances. Son nom n'avait pas la moindre importance. Il lui suffirait, ainsi qu'au comte, de se rendre sur sa tombe pour satisfaire leur curiosité le cas échéant.

Le seul problème restait l'homme au fusil d'assaut. Dans le pire des cas, il risquait de s'approcher d'eux, les forçant à réarmer. Un point positif : la route entre l'église et le bosquet.

Sur cette pensée optimiste, elle décida que son travail de repérage était terminé pour le moment. Il n'y avait pas urgence, procéder correctement était plus important.

La comtesse retourna à son Audi blanche.

— Laisse-la partir, dit Olofsson. Elle rentre juste faire son rapport à son comte de mes deux.

— Hum, approuva Olofsson. On ferait mieux d'aller voir ce qu'elle guettait depuis sa cachette.

Au sein de la direction de l'Église d'André, l'humeur était de nouveau au beau fixe. Le ravitaillement en vin, ainsi qu'en biscuits, raisin et Tête de Moine, était achevé.

— Nous offrirons les mêmes en-cas à la prochaine session, dit le pasteur, puisqu'ils ont plu. Mais nous devrions peut-être changer le menu de la semaine suivante. Pour ne pas céder à la routine.

— Hamburgers-frites ? suggéra Dédé.

— Ou autre, répondit Johanna avant d'ajouter qu'ils avaient un sermon à préparer.

Le prédicateur fourmillait d'idées. Il raconta que, adolescents, lui et son meilleur ami (mort d'une overdose quelques années plus tard, le crétin) mélangeaient le gros rouge avec du Coca-Cola, pour le faire passer. Quand ils avaient ajouté de l'aspirine à la mixture, ils s'étaient encore plus bidonnés.

— Intéressant, le coupa Johanna. Nous réviserons le menu en tenant compte de tes suggestions, c'est promis. Concentrons-nous sur le sermon, maintenant, d'accord ?

Véritable corne d'abondance, la Bible regorgeait d'hommages à la vigne, cadeau de Dieu. Johanna recopia de mémoire des passages traitant du vin qui rend les gens heureux, de l'huile qui donne de l'éclat aux visages et du pain qui leur apporte la force (selon les Psaumes) et compléta par des citations un peu moins fidèles de l'Ecclésiaste, qui constate que la vie sans ivresse réelle de temps à autre est vide, complètement vide.

— Il est vraiment écrit « ivresse » ? s'étonna Dédé.

— Non, mais on ne va pas chicaner, répondit la jeune femme en notant la prédiction d'Ésaïe qu'au jour du Jugement dernier aurait lieu un festin de mets gras et de vins vieux, ainsi que de mets gras succulents et de vins vieux clarifiés.

— C'est ce que je proposais, lança Dédé. Des mets gras. Hamburgers-frites. On laisse tomber le Coca et l'aspirine.

— On fait une petite pause ? suggéra Johanna.

51

Au soir du troisième samedi, pour la deuxième fois de suite, la fête rapporta près de neuf cent mille couronnes nettes aux deux nécessiteux. L'écran géant avait été remisé, mais les bancs de l'église étaient toujours aussi bourrés que leurs occupants.

Le sacristain avait refait surface après quelques jours d'absence, mais il se contentait d'errer comme une âme en peine et n'avait pas réclamé de nouveau rendez-vous. Johanna et Per se méfiaient de lui comme d'une bombe à retardement, mais les deux compères étaient débordés.

— Je suis loin d'être sûr que le beau temps se maintienne de ce côté-là, mais je propose de le laisser tranquille tant qu'il ne nous embête pas.

Johanna partageait cet avis, même si elle trouvait que tout allait un peu trop bien. Après un grand pan de vie où on n'a eu aucune raison de se réjouir, on devient vite soupçonneux quand le contraire arrive.

Par exemple, la pègre, sans nul doute très contrariée, ne s'était pas manifestée. La perspective de la publication des crimes commandés en cas de décès du prédicateur avait de toute évidence porté ses fruits.

Per n'ignorait pas que les livraisons de vin et d'amuse-gueules chaque mercredi offraient la meilleure opportunité aux éventuels attaquants et attaquantes de tout poil, mais il faisait confiance à Jerry le Couteau et à son armée. Un des gardes avait d'ailleurs été renvoyé pour avoir manqué à tous ses devoirs : il avait été surpris en train de ronfler dans le clocher, les bras serrés autour d'un cubi de vin moldave complètement à sec.

La sanction immédiate de Jerry avait renforcé plutôt qu'affaibli la confiance de ses employeurs. Le groupe avait perdu un homme, mais Jerry conduisait des entretiens d'embauche et avait bon espoir de compléter son équipe en l'espace d'un mois tout au plus.

Outre le petit million de couronnes collecté chaque semaine en liquide, le travail remarquable de Per sur les réseaux sociaux rapportait quelques centaines de milliers de couronnes supplémentaires sur le compte en banque de la paroisse. Ces sommes entraînaient beaucoup de paperasserie. En Suède, quiconque possède plus de dix mille couronnes en liquide est considéré comme criminel, fraudeur, ou les deux à la fois. Pour cette raison, des règles fixent les montants que l'on peut déposer ou retirer de ses comptes bancaires sans en faire l'humble demande plusieurs jours à l'avance. Le réceptionniste s'était attiré les faveurs d'une banquière qui comptait parmi les brebis les plus ferventes et les plus assoiffées de l'église. Il pouvait ainsi effectuer tous les jours d'importants retraits sans qu'elle contacte les autorités de surveillance financière pour soupçon de blanchiment d'argent. La fidèle croyait que ces sommes étaient utilisées au nom du Seigneur (elles payaient aussi la beuverie du week-end). Per n'envisageait pas un instant de laisser l'argent dormir sur le compte. En cas de crise, Johanna et lui auraient trente secondes pour mettre les voiles. Retirer plusieurs centaines de milliers de couronnes d'une banque suédoise prendrait au bas mot trente semaines.

— C'est quand la chance nous sourit qu'il ne faut pas se montrer trop cupide. Est-ce qu'on déleste de nouveau l'imbécile de cinq cent mille couronnes ?

— Oui, ce serait peut-être sage, approuva la femme pasteur. Mais cette fois, nous les lui facturons.

Dédé fut aux anges en apprenant que la paroisse avait recueilli quatre cent quatre-vingt mille couronnes en quelques semaines à peine, et qu'ils pourraient procéder à un nouveau don de cinq cent mille couronnes grâce à l'immense générosité de Johanna, qui avait décidé de payer de sa poche les vingt mille couronnes manquantes.

— Tu siégeras à droite du Seigneur au royaume des cieux, la bénit-il.

Johanna s'abstint de lui faire remarquer que rien n'était moins sûr. D'autant plus que les Psaumes y asseyaient déjà David, probablement sur les genoux

269

du Christ qui, à en croire l'Évangile selon saint Marc, avait reçu la même place.

Le prédicateur entreprit de réfléchir au destinataire. Une association à but non lucratif, peut-être ? Pourquoi ne pas faire écolo ?

— Sauver des arbres, ça sonne bien. En plus, la forêt humide est l'œuvre du Seigneur. Ou mieux encore : pourquoi ne pas en choisir une où il pleut moins ?

Johanna ne s'étonnait plus de ce qui sortait de la bouche du prédicateur, même si l'épisode du *Boletus edulis* ou cèpe de Bordeaux passait toujours difficilement.

— Je pensais plutôt à des enfants malades ou affamés, objecta-t-elle.

Dédé ne tenait pas particulièrement au prestige. Forêts équatoriales ou enfants démunis, c'était kif-kif, tant que ce don s'effectuait au nom du Christ. Il s'autorisa tout de même à observer qu'une forêt humide peuplée d'enfants pauvres serait encore mieux. Existait-il un endroit de ce genre en Suède ?

52

Le sacristain n'était en fait pas dépité du tout. Il attendait son heure, fouinant dans l'église et ses environs, en quête de preuves pour étayer sa théorie qu'il se passait là quelque chose de louche.

Une semaine passa, puis trois. Börje Ekman avait vu de ses propres yeux les milliers de couronnes dans le seau nappé de vomi. Il lui suffisait de multiplier son estimation par le nombre de seaux pour se faire une idée des sommes en jeu.

À ce stade, le faux pasteur et son acolyte devaient avoir quatre ou cinq millions de couronnes cachés quelque part. Au minimum.

Le nouveau don n'alla pas à une forêt, humide ou sèche. Johanna eut l'idée de rendre une visite à l'hôpital pour enfants Astrid Lindgren sous escorte de deux journaux, d'une station de radio et d'une chaîne de télévision. Dédé le Meurtrier apporta aux jeunes patients gravement malades une surprise : un sac à dos contenant cinq cent mille couronnes avec la note « Christ est vivant » afin qu'ils suivent cet exemple.

Le chef du service était absent au moment de la visite mais se dépêcha, dans un communiqué de presse, de remercier l'Église d'André et son prédicateur pour « l'immense générosité qu'il avait témoignée aux enfants et à leurs parents qui traversent la pire de toutes les épreuves ».

L'intime conviction de Börje Ekman que la façade généreuse du meurtrier ne cachait que cupidité et cynisme avait vacillé un bref instant, mais il avait ensuite recouvré toute sa lucidité et analysé la situation avec finesse.

Peut-être n'y avait-il pas grand-chose à reprocher au prédicateur (en dehors de son passé et de son entendement inégal). Ceux qui tiraient les ficelles étaient en retrait : le pasteur et le type au nom ridicule.

Dans son studio avec kitchenette, Börje songea que ces cinq cent mille couronnes auraient été plus profitables au fond de ses propres poches. Le serviteur numéro un du Seigneur avait besoin d'une assise pécuniaire solide pour accomplir sa mission, conformément à la volonté divine. Raison pour laquelle, toutes ces années durant, il avait prélevé un dixième de la quête sans juger utile d'en informer la paroisse. Le deal entre Dieu et lui ne regardait personne après tout.

53

La comtesse ayant achevé tous les repérages, l'heure du comte avait sonné. Il n'hésitait plus que sur la méthode.

D'après le rapport de sa compagne, la porte à double battant sur le côté de l'église s'était ouverte chaque mercredi à 13 heures tapantes au cours de ses cinq semaines de surveillance. Ces derniers temps, le vigile posté là avait été remplacé par l'individu qui, d'ordinaire, ne lâchait pas Dédé le Meurtrier d'une semelle. La bande manquait visiblement d'effectifs, avec pour conséquence, une fois par semaine et pour un bref laps de temps, d'augmenter la distance entre Dédé et son garde du corps.

Cela simplifiait et en même temps compliquait la tâche.

À chaque livraison, Dédé le Meurtrier avait été parfaitement visible par la porte, en compagnie de Johanna Kjellander et de Per Machin. On pouvait donc raisonnablement supposer qu'il le serait de nouveau aujourd'hui, pour l'opération « Repose en paix ».

Dans ce cas, le comte abattrait d'abord Dédé d'une balle blindée et se tiendrait prêt à employer ensuite le projectile semi-blindé si jamais le garde du corps avait la mauvaise idée de se diriger vers eux.

Cependant, ils n'avaient aucune certitude que la seconde cartouche suffirait à éliminer leur deuxième cible. Si l'homme était quelque peu professionnel, il ne resterait pas planté bêtement devant la porte après la première détonation. À présent que les futures victimes n'allaient plus côte à côte, l'ajustement du tir serait nettement supérieur à quelques millimètres, et dépasserait donc les quelques dixièmes de seconde.

Le comte et la comtesse avaient besoin d'une roue de secours et, lorsqu'ils l'eurent trouvée, la suite s'imposa d'elle-même. Ils se tapirent à plat ventre dans le bosquet, d'où ils voyaient l'homme qui ferait peut-être la bêtise de lancer une contre-attaque. Une grenade à fragmentation lancée au bon moment dissuaderait l'ennemi sans discussion.

— À fragmentation, répéta la comtesse, savourant à la fois ces mots et la pensée de ce qu'il resterait du corps de l'assaillant.

Le comte lui sourit tendrement. Sa comtesse était vraiment la douceur incarnée.

À 12 h 50, Johanna et Per entrèrent dans la sacristie convertie en réserve, entrepôt, bureau, centre de livraison, etc., pour attendre la livraison hebdomadaire de sang du Christ et du reste. Ils y découvrirent Börje Ekman en train d'inspecter les valises, la rouge comme la jaune, remplies à craquer de millions de couronnes.

— Qu'est-ce que vous faites ici, tonnerre de Dieu ? lança le réceptionniste, aussi surpris que furieux.

— Tonnerre de Dieu, c'est bien le mot ! répliqua le sacristain, faussement calme. Parce que c'est ce qui attend votre bande de meurtriers, charlatans, fraudeurs et j'en passe. Je ne trouve pas mes mots.

— Ce sont nos valises, espèce de fouineur ! s'écria Johanna en rabattant les couvercles. De quel droit fouillez-vous dans nos affaires ?

— Vos affaires ? Sachez que j'ai pris les mesures nécessaires. C'en est bientôt fini de votre business au nom du Seigneur ! Pouah ! Vous m'écœurez tous les deux. Pouah, pouah, pouah.

Johanna songea que l'indiscret accroché à leurs basques avait un vocabulaire étonnamment restreint si leurs actes ne lui inspiraient que « pouah ! » pour tout commentaire. Avant qu'elle ait le temps d'asséner une réplique plus développée, le prédicateur André fit son entrée.

— Bonjour, Börje, ça fait un moment que je ne t'ai pas vu. Comment ça va ? le salua l'ancien meurtrier, toujours aussi peu sensible à l'atmosphère ambiante.

Quelques minutes auparavant, Börje Ekman finissait de s'occuper de l'allée avec son râteau quand il avait eu une illumination.

Les valises !

Bien sûr, voilà où ils cachaient les bénéfices de leur œuvre diabolique. Dans la rouge et la jaune. Il avait besoin de preuves avant de prendre contact avec la police, le ministère, le Médiateur des droits des enfants... Quiconque voudrait, et devrait, l'écouter.

Il ne savait pas exactement quelle aide pourrait lui apporter le Médiateur des enfants, mais peu importe : Börje tenait à ouvrir les yeux à absolument tout le monde. La presse, l'Agence de sécurité alimentaire, le pasteur Granlund, la Fédération suédoise de football...

Se sentir le devoir d'informer le Médiateur des enfants et la Fédération suédoise de football de l'existence d'une activité criminelle sous couvert religieux est pour le moins étrange. Il y avait là de quoi s'interroger sur la santé mentale de Börje Ekman. À juste titre. Selon lui, une seule chose restait à faire avant d'avertir le monde entier : s'il se dépêchait, il empocherait le dixième du contenu des valises, qui lui revenait de droit.

Inconscient de l'heure et de la position que tous les criminels de cette affaire ne tarderaient pas à occuper et obnubilé par sa tâche de justicier en passe de lever le voile sur les manigances, le sacristain, armé de son râteau, se trouvait là entouré de quelques représentants de la pègre, dont le garde au nom si seyant à cette entreprise blasphématoire.

Le salut réjoui du meurtrier lui donna cependant à

penser que, dans ce jeu impie, ce dernier n'était rien de plus qu'un idiot bien utile.

— Tu ne vois pas qu'ils se servent de toi ? lança Börje Ekman en s'avançant vers le nouveau venu, râteau brandi.

— Qui ? Quoi ? demanda le prédicateur André.

À cet instant, deux coups de klaxon retentirent. Le ravitaillement hebdomadaire venait d'arriver.

Jerry le Couteau décida sur-le-champ que le clown ici présent représentait une moindre menace que celle qui pouvait se profiler à l'extérieur. Il se dirigea vers la porte en disant au pasteur et au réceptionniste, avec un regard vers Börje Ekman :

— Si vous gardez l'œil sur l'emmerdeur au râteau, je m'occupe du travail dehors.

Le chef de la sécurité, ô combien pointilleux, contrôla l'identité du chauffeur, le même que les semaines précédentes, et inspecta le contenu du fourgon. Puis il se posta devant la porte, en état d'alerte actif, dos au mur, pour observer méthodiquement les alentours de gauche à droite, puis de droite à gauche. Le pasteur et le réceptionniste devraient porter eux-mêmes les cartons de vin.

À quelque cent vingt mètres de là, le comte était à son poste dans le bosquet, à plat ventre auprès de sa compagne. Grâce à sa lunette de visée et à son entraînement assidu, éliminer le garde du corps serait un jeu d'enfant. Sauf que cela risquait de fournir à Dédé le

Meurtrier, parfaitement visible en cet instant, le temps de s'abriter avant le deuxième tir. Le comte aurait adoré descendre le chien de garde en bonus, mais sa cible principale restait le quinquagénaire.

Le comte relégua donc Jerry le Couteau à la deuxième place sur sa liste de personnes à abattre pour se concentrer sur la Victime. (Johanna Kjellander et Per Jansson ne survivraient pas longtemps, mais il y avait des limites à ce qu'un comte pouvait accomplir en un jour.)

Tandis que le pasteur et le réceptionniste soulevaient les derniers cartons et que l'homme qui nourrissait son intention de tuer ajustait son tir, une dispute éclata entre la cible et Börje Ekman.

— Ils te mentent ! Ils gardent tout l'argent pour eux ! Tu ne t'en rends pas compte ? Tu es aveugle ?

Dédé, qui avait encore en mémoire son récent succès à l'hôpital pour enfants Astrid Lindgren, le coupa :

— Mon cher Börje, je t'en prie. Tu as trop ratissé l'allée au soleil ? De quoi parles-tu ? Tu ne sais pas que l'Église a distribué ses cinq cent mille premières couronnes avant même de les avoir gagnées ? Johanna a offert ses dernières économies pour permettre notre premier vrai don au nom du Christ.

Börje Ekman lança une nouvelle charge, sans que le pasteur et le réceptionniste n'essaient d'intervenir. Jusqu'ici, Dédé le Meurtrier défendait plutôt bien leur cause.

— Comment c'est possible d'être aussi bête ? s'emporta le sacristain. Tu ne vois pas les sommes que tu génères tous les samedis ?

Dédé n'apprécia pas du tout la question à propos de sa bêtise. D'une part, il n'avait pas de réponse, et d'autre part, il soupçonnait là une critique de son intelligence. Aussi rabroua-t-il son interlocuteur :

— Occupe-toi de ratisser et laisse-moi recueillir l'argent pour les démunis !

Ce que Börje Ekman, lui aussi, prit mal.

— Eh bien, dans ce cas, continue à t'obstiner dans ton effroyable naïveté (il ne connaissait pas de mot plus grossier). Et le reste du temps, tu n'as qu'à ratisser l'allée toi-même, éclata-t-il en fourrant son râteau dans les mains du prédicateur. De toute façon, j'ai pris les mesures nécessaires. Sodome et Gomorrhe ! Je n'ai rien d'autre à dire !

Il conclut sa diatribe avec un sourire supérieur, juste avant que son sort prenne un tour néfaste.

Et permanent.

Dans le bosquet, le comte était fin prêt. Le coup atteindrait ce satané Dédé le Meurtrier pile sous le sternum, le traversant de part en part.

— Va au diable ! dit-il en pressant la détente.

Au son de la violente détonation, Jerry le Couteau passa d'une tension générale à une concentration aiguë. Se jetant face contre terre, il rampa jusqu'à la porte pour la refermer de l'extérieur (il n'était pas un lâche !), sommairement abrité par le fourgon de livraison. D'où venait le tir ?

Le garde du corps avait réagi avec la rapidité de l'éclair, mais le comte eut quand même le temps de voir Dédé le Meurtrier tomber à la renverse – son travail était donc achevé. Le chef de la sécurité restait derrière le fourgon, hors de vue du comte, qui donna à sa comtesse le signal de la retraite. Un garde en plus ou en moins ne changeait pas grand-chose, tant qu'il ne constituait pas une menace. Ce qui arriverait s'ils restaient cachés dans le bosquet sur la butte. Afin de dissuader le garde de lancer une offensive suicidaire, il tira la balle semi-blindée dans la seule intention de toucher la portière du fourgon (le chauffeur, qui s'était blotti contre les pédales, s'en sortit indemne à plusieurs centimètres près).

On le sait, Börje Ekman ne croyait ni en la chance ni en la malchance. Il avait foi en lui-même et en sa supériorité, puis en Dieu et enfin en l'ordre.

Mais il faut admettre en toute objectivité que les circonstances qui menèrent Dédé le Meurtrier et ses acolytes à cette église relevaient de la malchance. C'est elle encore qui voulut que le sacristain tende son râteau au prédicateur à l'instant où le tir partait. Malchance, toujours, que Dédé ait tenu l'outil de telle façon que le projectile blindé toucha la traverse de métal au lieu du diaphragme du meurtrier. Sous le choc, le râteau percuta le visage de Dédé qui atterrit sur les fesses, le nez en sang.

— Aïe, merde alors ! s'exclama-t-il.

Börje Ekman, lui, ne dit rien. Il n'y a pas grand-chose à dire quand on reçoit une balle dans l'œil gauche et qu'elle va se loger dans le cerveau. L'ancien sacristain, qui portait ce titre mieux que jamais, s'affaissa.

— Je saigne ! geignit Dédé le Meurtrier en se relevant avec peine.

— Le sacristain aussi, rétorqua Johanna. Pourtant, on ne l'entend pas se plaindre, lui. Avec tout le respect que je te dois, ton nez est actuellement le cadet de nos soucis.

La jeune femme considéra leur défunt persécuteur. Du sang s'écoulait du trou qui avait été son œil.

— « Le salaire du péché, c'est la mort », Épître aux Romains 6.23, déclara-t-elle sans se demander pourquoi, dans ce cas, elle-même vivait encore.

Alors que le comte extirpait de sa poche une grenade à fragmentation en guise de dernière mesure dissuasive, Olofsson et Olofsson arrivèrent enfin sur les lieux du crime. Ils avaient pris une mauvaise sortie à un rond-point et perdu l'Audi blanche en dépit de tout leur équipement électronique. Ils se dirigeaient vers la butte quand ils entendirent un coup de feu, puis un second. Ils se trouvaient à présent à vingt mètres du comte et de la comtesse, à quatre pattes dans le large bosquet de lilas clairsemé. L'arme que tenait le comte était dotée de deux canons, mais le regard surpris et un chouïa désespéré qu'il lança aux frères leur apprit qu'il avait épuisé ses munitions et n'aurait pas le temps de recharger.

— Fais-leur la peau, dit Olofsson à son frère. Le comte en premier.

Olofsson n'avait jamais tué auparavant. Ce n'était pas une tâche facile, même pour un criminel endurci comme lui.

— Depuis quand je suis ton larbin ? Fais-le toi-même ! répliqua-t-il. Et commence plutôt par la comtesse, c'est la pire des deux.

Pendant ce temps, le comte, paniqué, réussit en un tournemain à montrer sa grenade au duo, à l'amorcer et à… la perdre parmi les lilas.

« Qu'est-ce que tu fais, imbécile ? » furent les derniers mots de la comtesse.

Le comte, lui, avait déjà fini de parler.

Les frères Olofsson se jetèrent derrière un rocher, évitant ainsi les éclats de métal qui réduisirent en bouillie le comte, la comtesse et le bosquet réunis.

54

Jerry le Couteau sortit prudemment de sa cachette. Il n'avait plus à se demander d'où était partie la double attaque, car elle avait été immédiatement suivie par une explosion dans un bosquet, sur une hauteur de l'autre côté de la route.

Le garde du corps se soucierait plus tard des dégâts que les tirs avaient causés dans la sacristie. Sa priorité : atteindre la butte pour briser l'éventuelle résistance.

Contraint de se déplacer sur un large arc de cercle afin de ne pas être pris pour cible, Jerry avait à peine atteint son but qu'il entendit des sirènes de police. Que s'était-il passé ? Il ne comprit pas en détail d'autant plus que les membres dispersés tout autour avaient été réduits en morceaux si petits que se prononcer avec certitude sur le nombre d'assaillants aurait été impossible sans la présence fortuite de trois pieds sagement rangés en cercle autour de la bouillie. Jerry estima que les deux premiers faisaient du 44-45 et le troisième, dans une chaussure à talon haut, un petit

36. À moins d'avoir été hermaphrodite et doté de trois jambes aux pieds de pointures différentes, l'attaquant était en compagnie d'une femme. Le comte et la comtesse ? Sans doute. Qui les avait fait exploser ? Les faux aristos voulaient la mort du prédicateur, mais ils étaient réduits à l'état de trois pieds qui n'iraient nulle part, à la différence de Jerry le Couteau, qui s'éloigna prestement avant l'arrivée de la police.

En chemin, Jerry élabora une théorie. Ses employeurs étaient-ils vraiment assez fortunés pour que des ennemis des ennemis de Dédé soient intervenus ?

L'explosion avait retenti après les tirs. La seconde balle avait atteint le fourgon, mais où la première avait-elle fini sa course ? Dans Dédé le Meurtrier, présuma-t-il.

Quelques minutes plus tard, Jerry le Couteau put constater que l'homme qu'il avait échoué à protéger avait eu une veine de cocu.

— Voici la situation, expliqua-t-il au pasteur, au réceptionniste et au meurtrier au nez ensanglanté. Nous avons une enquête criminelle à cent cinquante mètres de l'église, un cadavre à nos pieds et des policiers qui viendront frapper à notre porte dès qu'ils auront additionné un et un.

— Deux, le renseigna Dédé, du papier absorbant enfoncé dans les narines.

Jerry le Couteau se demanda si le sacristain rentrerait dans une valise, mais comprit qu'ils devraient découper le corps en deux, ce qu'ils n'auraient pas le temps de faire, outre le fait que l'opération n'aurait rien eu d'agréable.

Per lui apprit que la balle n'avait de toute évidence pas quitté la tête de feu Börje Ekman et que l'araignée qui y résidait sans doute avait une nouvelle voisine.

Johanna s'irrita que l'homme ait fait autant de saletés en mourant. Elle se porta néanmoins volontaire pour le ménage et suggéra à Jerry de charger le cadavre dans le fourgon et d'escamoter le tout. Le véhicule à la portière transpercée aurait beaucoup à apprendre au premier agent de police venu.

Il en serait ainsi et il en fut ainsi. Après avoir convaincu le chauffeur de s'écarter d'environ un mètre pour libérer l'accès aux pédales, Jerry s'assit au volant.

Le vin, le raisin, le fromage et les biscuits ayant déjà été déchargés, l'arrière du fourgon offrait bien assez de place pour un sacristain mort. En fait, le véhicule était suffisamment spacieux pour qu'une congrégation moyenne tienne compagnie à ce dernier si besoin.

Les enquêteurs ne firent pas immédiatement le lien entre la grenade qui avait pris deux vies dans le bosquet de lilas et l'Église d'André. Il fallut plusieurs heures pour qu'un commissaire additionne un et un, et la visite de la police n'eut lieu que le lendemain.

Johanna, qui leur ouvrit, expliqua avoir appris par les journaux le drame terrible qui s'était déroulé à seulement un jet de pierre, ajoutant que, après l'explosion violente, ses collègues et elle avaient été rassurés d'entendre rapidement les sirènes de police.

— Nous savions que les forces de l'ordre maîtrisaient la situation, quelle qu'elle soit. Je trouve fantastique que vos équipes soient si alertes. Puis-je vous offrir un café ? Je suppose que vous n'avez pas le temps de faire une partie de mikado ?

Une dizaine d'heures plus tôt, Jerry le Couteau avait jeté un sac à triple fond contenant quatre-vingts kilos de sacristain et quinze kilos de pierres dans la mer Baltique. Il avait ensuite soigneusement brûlé le fourgon sur un sentier rocailleux isolé, à l'aide de quarante litres d'essence. Par précaution, il avait agi assez loin dans les terres de la préfecture du Västmanland afin que la notification d'un véhicule abandonné et calciné arrive sur un autre bureau, dans un autre département, que celle de la mystérieuse explosion au nord de Stockholm.

55

L'ancien sacristain, qui gisait maintenant par dix-huit mètres de fond dans la mer Baltique, reviendrait pourtant hanter le groupe une dernière fois, quelques jours après son trépas.

— Sodome et Gomorrhe ! avait répété sans relâche Börje Ekman le mardi précédent, dans son studio, tandis que du gruau de flocons d'avoine mijotait sur le feu.

Il avait mordu dans son knäckebröd tartiné de margarine et décidé quoi faire. Pour commencer.

— Ai-je raison, Seigneur ? avait-il demandé tout haut.

Quand seul le silence lui avait répondu, il avait changé d'approche.

— Si j'ai tort, Seigneur, dis-le-moi ! Tu sais que je ne m'éloignerai pas de toi.

Le Seigneur n'avait pas plus réagi.

— Merci, Seigneur, avait murmuré Börje Ekman, qui avait reçu la confirmation dont il avait besoin.

Le mercredi matin, le sacristain autoproclamé de l'Église d'André avait fait à vélo la tournée des magasins de spiritueux pour rencontrer les hommes et les femmes qui traînaient devant sur les bancs, attendant 10 heures. Certains soupçonnaient déjà qu'on ne les laisserait pas entrer dans les boutiques sous monopole d'État ce jour-là, mais patientaient quand même. D'autres semblaient assez sobres pour espérer y être admis. Les employés du Systembolaget avaient la mission délicate de vendre autant d'alcool que possible aux citoyens suédois, afin de maximiser les recettes fiscales du pays, et dans le même temps de recommander à ces mêmes clients, au nom de la tempérance, de ne pas consommer les boissons achetées si chèrement.

Désireux de remplir leur rôle, les gérants trouvaient chaque jour diverses raisons de refuser dix, parfois jusqu'à vingt clients potentiels, et sélectionnaient ceux qui avaient le plus besoin de ravitaillement.

C'était auprès des croyants de ce genre que Börje Ekman, sur son vélo, avait répandu la nouvelle de la distribution de vin le samedi suivant à l'Église d'André au nord de la ville. La générosité du Tout-Puissant ne connaissant pas de limites, tout serait gratuit. Il y aurait même des amuse-gueules. Non, personne ne serait obligé de manger. Ni refoulé à l'entrée. Le local était sous la direction du Seigneur, pas de l'État.

Börje Ekman savait que les lycéens commençaient leur travail à 13 heures. Les cubis de vin seraient sans doute en place une demi-heure plus tard.

— En arrivant avant 14 heures, vous serez aux premières loges, lançait-il avant de se remettre en route.

Et, souriant, il enfourchait de nouveau son vélo et pédalait contre le vent frais. Vers le magasin d'alcool suivant. Et le suivant. À quelques heures de sa mort.

Samedi, Börje Ekman reposait au fond de la mer Baltique quand les spécimens les plus miséreux du genre humain, qu'il avait démarchés, s'assirent sur les bancs de l'église alors que 11 heures venaient à peine de sonner.

Trois heures plus tard, l'église était pleine. Au bout de vingt autres minutes, les visiteurs aussi. Contrairement aux cubis de vin moldave.

Les lycéens suivirent à la lettre leurs instructions claires : tout cubi vide devait être remplacé sur-le-champ. Cette possibilité n'était pourtant censée se concrétiser que vers la fin du prêche. Il n'était pas prévu que le ravitaillement advienne avant que Dédé le Meurtrier ait enfilé les habits de sa charge.

La première rixe éclata aux alentours de 16 h 30 sur la question de savoir à qui revenait le carton de vin le plus proche, et prit fin quand plus personne ne se souvint de l'objet de la dispute, puisque les cubis étaient constamment renouvelés. Pendant ce temps, les habitués rebroussaient chemin devant la porte, les poches débordant d'argent.

À cinq heures moins vingt, Johanna comprit ce qui

se passait. Les lycéens avaient effectué une première quête et récolté en tout et pour tout vingt couronnes suédoises et un mark ouest-allemand de 1982. Ce qui donnait une moyenne de 2,7 öre par tête. Sans compter le mark allemand qui valait probablement autant, une fois fondu.

À cinq heures moins dix, le porte-parole des lycéens annonça que les réserves de vin de la semaine étaient épuisées. Fallait-il apporter celles prévues pour le prêche suivant ou les plateaux d'amuse-gueules ?

Ni les unes ni les autres. Le sermon de la soirée était annulé. Jerry le Couteau et ses hommes furent priés de vider l'église avant que la beuverie dégénère.

— Trop tard, lança Jerry le Couteau en observant l'assistance, caché derrière la tenture.

Assis, perchés, voire endormis sur les bancs, c'était de drôles de paroissiens. Au moins quatre groupes se querellaient et des disputes accompagnées de bourrades, crachats et insultes éclataient de tous côtés. Sous une fresque représentant l'Enfant Jésus dans la crèche, une femme crasseuse et un homme encore moins propre semblaient vouloir démontrer comment l'Immaculée Conception n'avait pas eu lieu.

Quelqu'un avait manifestement appelé la police (cette fois, Börje Ekman était au-dessus de tout soupçon) car des sirènes retentirent. Les détecteurs de métaux se mirent à siffler au passage de chaque agent, énervant les deux chiens policiers. Un aboiement dans une église où tout résonne donnait l'impression d'un chenil au grand complet. Deux aboiements, et c'était le chaos.

Quarante-six personnes furent arrêtées pour ivrognerie, violence ou les deux à la fois, et deux autres appréhendées pour trouble à l'ordre public perpétré à l'instant.

En outre, Johanna Kjellander, pasteur en charge, fut convoquée à un interrogatoire pour soupçon de... Le motif était difficile à définir.

Selon la loi sur l'ordre public, chapitre trois, paragraphe dix-huit, seules les municipalités sont habilitées à prendre des dispositions complémentaires en plus des directives en vigueur visant à préserver l'ordre public.

Après la parution des journaux du dimanche, la commune dont dépendait le lieu de culte décida de « proscrire la consommation d'alcool dans les locaux de réunion privés à caractère religieux de l'Église d'André, le but de la consommation divergeant, selon les apparences, de celui admis par la législation ». Et ce dès le lundi. Les liens ténus de cette même Église avec le double meurtre présumé de deux criminels dans une explosion, quelques jours plus tôt, confortèrent les édiles dans leur décision.

56

Après l'offre de services de passage à tabac, ou pire, d'individus dont l'innocence ne pouvait être garantie à cent pour cent, Johanna et Per s'étaient tournés vers l'escroquerie de personnes au cœur empli de foi, d'espoir, d'amour et de générosité, dont, par sécurité, ils avaient rempli les veines de vin.

Sans la mort du comte et de la comtesse – et les dernières actions de l'autoproclamé sacristain égocentrique et tout aussi défunt –, les deux compères exerceraient encore à ce jour leur activité. Ils découvrirent néanmoins que la presse était certes un espace de publicité gratuite, mais peu fiable. Les journalistes firent le rapprochement gênant entre le double meurtre présumé et bestial de deux figures centrales de la pègre et l'Église d'André. Quelques-uns évoquèrent même la possibilité que Dédé le Meurtrier soit revenu à ses anciennes amours. Tous étaient convaincus que les aristocrates faisaient partie des clients escroqués par Dédé quelques mois plus tôt.

— Foutus journalistes ! pesta Per, résumant la situation dans laquelle le pasteur et lui se trouvaient.

Johanna partageait son avis. Les choses auraient été plus simples si le maudit chœur médiatique s'était abstenu de faire son boulot.

Un malheur n'arrivant jamais seul, la commune défendit en toute hâte, et par décret, à l'Église d'André de fonder son activité sur le principe original « *in vino divinitas* » (au lieu d'un moulin dans le nord-ouest du Värmland). Le couple se retrouvait au pied d'un mur infranchissable.

En un mot, les huit cents fidèles de l'église et les deux cents du parking le jour de la première chutèrent drastiquement en quelques semaines.

Ne restait plus que sept paroissiens.

Soit cent couronnes brutes.

Au total.

Cent couronnes qui devaient couvrir le salaire d'un pasteur, d'un réceptionniste, d'une équipe de gardes du corps et d'une poignée de lycéens. Même Dédé le Meurtrier comprit que leurs finances se portaient mal. Il déclara toutefois que la force de son message était intacte et appela le pasteur et le réceptionniste à s'armer de patience.

— Nous savons que la détresse produit la persévérance, la persévérance la fidélité, et la fidélité l'espérance !

— Quoi ? fit Per.

— Épître aux Romains, chapitre 5, l'éclaira Johanna, surprise.

Inconscient de l'effet produit sur son auditoire, le prédicateur André expliqua avoir d'abord ressenti un certain chagrin pour Börje Ekman, mais s'être consolé quand, au bout de trente bonnes secondes, il avait compris qu'il aurait pu finir avec une balle dans l'estomac. À la lumière de cette réflexion, il se rangeait à l'avis de Per qu'un saignement de nez était tout à fait supportable.

L'hémorragie avait d'ailleurs cessé en quinze minutes à peine et le prédicateur était disposé, malgré leur revers relatif, à poursuivre ses actions au nom du Christ. Il considérait l'interdiction de l'alcool pour les fidèles comme insignifiante, tant que lui-même pouvait s'échauffer en cachette avec un cruchon. Les sept occupants des bancs seraient bientôt quatorze et, avant même que le pasteur, le réceptionniste et lui aient le temps de dire ouf, de nouveau des centaines.

— Parler de « revers relatif » est un euphémisme quand on a eu la visite de policiers avec des chiens, objecta Per.

— Bon, disons un sérieux revers, alors. Mais, comme il est dit dans le Lévitique, la foi déplace les montagnes, conclut Dédé.

— Ma parole, il a appris la Bible par cœur ? demanda Per quand Dédé quitta la pièce.

— Pas vraiment, le détrompa Johanna. Je crois que nous avons abordé le passage où la foi déplace les montagnes un peu partout, dans la Bible comme en dehors, mais certainement pas dans le Lévitique.

Dans ce livre, ils font des sacrifices d'animaux et autres bricoles.

Per doutait sérieusement que la foi de Dédé déplace quoi que ce soit à l'avenir, en dehors des ennuis – et ce comme un aimant. Johanna acquiesça.

L'Église d'André avait sombré. Ils n'avaient plus qu'à démanteler le navire de la meilleure façon possible. Sans que le prédicateur s'en aperçoive.

— Je crois que la période où tout allait trop bien pour être vrai était trop belle pour être vraie, déclara Johanna.

— C'est à cette époque que je me suis dit : « La roue a enfin tourné, après tant d'années. » Je promets de ne plus jamais penser ça, ma chérie.

57

Le pasteur et le réceptionniste possédaient six millions neuf cent mille couronnes en liquide dans une valise jaune (chiffre actualisé). Quant à la rouge, ils la remplirent de leurs affaires communes.

Ils disposaient aussi d'un prédicateur, mais, celui-ci ayant perdu toute valeur commerciale, il était urgent de s'en débarrasser. Dans un sens, ils étaient de retour au chapitre seize de cette histoire. À l'époque, ils planifiaient de fermer un hôtel, de disparaître avec deux valises d'argent, et de laisser derrière eux Dédé le Meurtrier par la même occasion. À présent, ils voulaient fermer une église et se séparer du même meurtrier. Avec des résultats plus probants que la fois précédente.

Le mode opératoire était encore à définir, mais ils pouvaient réfléchir à leur aise, car le prédicateur ne comprenait pas à quel point l'affaire avait coulé.

— Sept visiteurs ce samedi, soupira Per Persson. Je crains que le nombre ne tombe à quatre ou cinq la semaine prochaine.

— Ce qui me manquera le plus, c'est ses citations bibliques en l'honneur de la boisson. Ça, il faut le lui concéder, le prédicateur André mettait de l'ambiance dans la nef. Nous n'avons même pas eu le temps d'arriver à ma préférée.

— Ta préférée ?

— « Je deviens comme un ivrogne, un homme pris de vin, à cause du Seigneur, à cause de ses paroles saintes. »

— Ouh là. C'est de qui ?

— Jérémie. Il avait un penchant pour la bouteille. Ça sonne bien, non ? Dieu parle et offre à son auditoire une cuite gratuite au passage !

Per songea que Johanna aurait besoin de quelques siècles pour pardonner au Seigneur d'avoir cédé à une tradition familiale et de l'avoir mise contre sa volonté à son service. Avec un peu d'efforts, Dieu aurait pu faire en sorte de trafiquer ses copies (sans fautes) afin qu'elle n'ait pas la moyenne à l'université. Ou s'il trouvait cette méthode trop fastidieuse, empêcher qu'elle soit admise au dernier semestre à l'institut pastoral. L'ordination n'aurait alors jamais eu lieu, peu importe combien d'assiettes le père de la jeune femme aurait jetées à la poubelle dans sa colère.

Néanmoins, Gustav Kjellander aurait sans doute lancé les assiettes directement sur sa fille, que Dieu aurait alors dû sauver en exauçant le vœu du père. Dans quelle mesure Dieu éprouvait-il des regrets, telle était la question.

Per Persson avait conscience depuis longtemps de

ses propres limites en matière de théologie. Il se sentait plus à l'aise avec les faits concrets, comme les six millions neuf cent mille couronnes, les deux gangsters pulvérisés, le sacristain perforé – un peu de malchance et beaucoup de chance –, et auparavant les bras, jambes et quelques visages réduits en bouillie. Son amoureuse et lui n'avaient plus qu'à espérer avec ardeur que le royaume des cieux n'existe pas. Sinon, ils étaient tous les deux dans un sacré merdier !

— Dieu vous bénisse ! lança Dédé en déboulant dans la sacristie. J'ai quelques phrases d'introduction sans alcool pour le sermon de la semaine et j'aimerais les tester sur toi, Johanna. D'abord je vais pisser, et j'arrive !

Aussi soudainement qu'il était entré, le prédicateur ressortit par l'issue de secours bien utile pour se soulager dans le joyau de la Création.

Avant même que le pasteur et le réceptionniste aient le temps de commenter le passage éclair de Dédé, une autre voix se fit entendre, depuis le seuil de la sacristie, celle-là.

— Bonjour, je m'appelle Olof Klarinder. Je travaille pour le Trésor public. M'autoriseriez-vous à examiner vos comptes ?

Comme toujours, cette question était purement rhétorique : le petit bonhomme en costume avait l'intention d'inspecter les finances de l'Église, que le fraudeur potentiel le lui autorise ou non.

Et comme toujours, Johanna se ressaisit la première.

— Soyez le bienvenu. Mais votre visite ne nous a pas été annoncée, monsieur Klarinder. Le prédicateur André est absent aujourd'hui et nous ne sommes que ses humbles serviteurs. Accepteriez-vous de repasser demain à 10 heures ? Notre guide spirituel sera présent, avec tous ses classeurs, bien sûr. Qu'en pensez-vous ?

La femme au col de pasteur avait prononcé ces mots avec tant d'autorité et de candeur qu'Olof Klarinder eut le sentiment qu'il ne trouverait aucune irrégularité dans la comptabilité de la congrégation. Les dénonciations anonymes avaient l'inconvénient de reposer plus souvent sur une vengeance personnelle que sur des faits réels.

L'existence de livres de comptes était aussi une bonne nouvelle. Rien n'enchantait plus Olof Klarinder que feuilleter des documents.

— Eh bien, même si les visites de ce genre sont justement censées être impromptues, l'administration n'a pas pour objectif de se montrer plus stricte que nécessaire. Dix heures précises demain, cela me convient. À condition que la personne en charge des questions financières soit présente… avec les livres de comptes, conclut-il d'un air gourmand.

Le fonctionnaire tourna les talons une fraction de seconde avant que Dédé le Meurtrier reparaisse, reboutonnant sa braguette.

— Vous en faites une tête. Y a un problème ?

— Non, répondit vivement le pasteur. Aucun. Absolument aucun. Tu as bien pissé ?

Le moment était venu pour le couple de s'entretenir avec le seul garde du corps qu'ils n'avaient pas encore congédié, Jerry le Couteau, et ce, hors de la vue du prédicateur.

Jerry possédait les contacts et Johanna, les solutions.

Ce n'était pas la plus honorable des idées qu'elle avait eues ces dernières années, et même de toute sa vie adulte. Mais elle en valait bien une autre.

— Il me faudrait du Rohypnol. Ou quelque chose d'approchant. Tu peux en trouver ?

— C'est urgent ?

— Oui, plutôt.

— De quoi parlez-vous ? s'enquit Per, auquel la jeune femme, pressée par la situation, n'avait pas exposé son plan.

— On n'en vend plus en Suède, alors ça risque de prendre un peu de temps.

— Combien ?

— De quoi parlez-vous ? répéta le réceptionniste.

— Trois heures, dit Jerry. Deux et demie s'il n'y a pas trop de circulation.

— Bon Dieu ! Mais de quoi parlez-vous ?

58

Quand il apprit la teneur du plan, Per Persson hésita quelque peu avant de lui donner son aval, à défaut de sa bénédiction.

Au moment de la journée où l'humeur du prédicateur André était la plus enjouée, vers 16 h 30, le couple lui annonça que le moment était venu qu'il assume entièrement la direction de l'affaire. Cela signifiait entre autres que tous les biens et les responsabilités lui incombaient dès cet instant, ainsi que la future répartition des dons. Le pasteur et le réceptionniste resteraient en arrière-plan pour le soutenir moralement.

Le prédicateur André fut très touché de cette confiance. Non seulement il percevait chaque semaine cinq cents couronnes à dépenser comme bon lui semblait (sauf cette semaine, quand la quête totale avait tout juste atteint une somme à trois chiffres), mais on lui confiait maintenant toute la boutique.

— Un grand, grand merci, mes amis ! s'émut-il. Je

me suis trompé sur votre compte au début, en fait vous êtes foncièrement bons. Alléluia et Hosanna !

Il signa ensuite tous les papiers sans en lire une ligne.

Une fois les tracasseries administratives clarifiées, Johanna suggéra au prédicateur d'accueillir lui-même le représentant des autorités fiscales qui reviendrait pour procéder à un contrôle de routine.

— Combien avons-nous en caisse ? demanda Dédé.

— Trente-deux couronnes, répondit Per.

Rendez-vous fut pris pour le lendemain à 9 heures, dans la sacristie, pour un petit déjeuner collectif. Johanna promit du pain frais. Non, il n'y avait pas d'occasion particulière. On ne remplacerait pas le sacrement de la bouteille matinale par du café juste parce qu'on attendait de la visite.

Dédé en conclut que l'eucharistie n'était pas menacée.

— Alors, à demain, les salua-t-il. Ça ne vous embête pas si j'emporte un cubi de moldave ? J'attends un ou deux potes pour une petite étude biblique dans le camping-car ce soir. Je suppose que vous habitez toujours dans la cave de la tante de Per ?

— Oui, rien à débourser, Dieu la bénisse ! répondit le jeune homme, qui n'avait aucune tante et qui avait réussi à négocier une ristourne pour la suite Riddarholm au Hilton. Je t'en prie, prends un cubi pour tes copains. Ou même deux. Mais sois ici demain à 9 heures tapantes, frais et dispos. Ou dans un état approchant.

Puis, conformément au plan, Per Persson lui sourit, recevant une grimace égarée en guise de réponse.

Dédé ne fut pas sur place à l'heure dite. Ni même quinze minutes plus tard. Ce n'est que peu avant 9 h 30 qu'il arriva d'une démarche chancelante.

— Désolé pour ce retard. Ma toilette matinale a duré plus longtemps que prévu.

— Quelle toilette ? s'exclama Johanna. Le camping-car stationne à soixante-dix mètres de l'église et la douche est en panne depuis plus d'une semaine.

— Je sais. C'est horrible, hein ?

Ils n'avaient pas de temps à perdre. Le meurtrier se vit offrir un verre de vin relevé à son insu d'un peu de vodka. Puis un deuxième. Et en accompagnement, trois sandwichs au fromage avec, dans chaque, plus ou moins un milligramme de Rohypnol finement émietté dans la margarine.

Le meurtrier, qui répétait « plus jamais de gnôle et de médocs » depuis des années, déclara que le vin n'avait jamais été si bon. Peut-être le Seigneur voulait-il le préparer de son mieux à l'entretien avec le fonctionnaire.

— Le pire qui puisse arriver, ce serait qu'il exige vingt pour cent des trente-deux couronnes, non ?

303

Le seul commentaire qu'il fit sur les sandwichs fut d'en réclamer un quatrième, que le pasteur saupoudra par sûreté d'un bon milligramme supplémentaire de $C_{16}H_{12}FN_3O_3$.

À dix heures moins cinq, le pasteur et le réceptionniste prétextèrent une course à faire et lui tendirent trois classeurs qu'ils avaient remplis de magazines de BD (on prenait ce qu'on trouvait, en l'occurrence des revues qui, pour d'obscures raisons, traînaient dans l'armoire de la sacristie, mais aucun document attestant du récent changement de propriétaire). Puis ils encouragèrent Dédé à les appeler en cas de besoin, avant de s'éclipser en prenant soin d'éteindre leurs téléphones portables.

— À ce que je sais, une telle quantité de gnôle et de médocs suffirait à assommer un cheval, déclara Per à son pasteur, une fois à distance sûre de ce qui allait se produire.

— Oui, mais nous avons plutôt affaire à un âne. Qui n'a pas perdu ses vieilles habitudes. Je peux prédire sans grand risque que la rencontre entre l'âne et le percepteur va finir assez mal.

Le fonctionnaire du Trésor public serra la main du prédicateur André à peu près au moment où celui-ci commençait à se sentir tout chose. Le salut du nouveau venu lui sembla teinté de supériorité. Comment ça, « enchanté » ? Pour qui il se prenait celui-là, avec sa cravate ? Il se croyait mieux que les autres ?

Le type à la cravate commença alors à poser des questions insolentes à propos de caisse enregistreuse, de boîtes noires fiscales, de modèle, de numéro de série, de comptabilité et d'autres termes que le prédicateur ne comprit pas. Quelle sale tronche il avait ! Dédé se mit à bouillir intérieurement.

— C'est quoi ton problème, bordel ? cracha-t-il.

— Mon problème ? répéta Olof Klarinder d'un ton un peu anxieux. Rien de particulier, je suis un simple fonctionnaire qui essaie de faire son travail. Le respect des obligations fiscales est l'un des piliers d'une nation démocratique. Vous n'êtes pas d'accord ?

Le prédicateur n'était d'accord qu'avec une seule chose : que le Trésor public perçoive vingt pour cent des recettes de trente-deux couronnes. Il laissait au percepteur le soin de faire le calcul, mais ça ne représentait sans doute pas beaucoup plus de cinquante couronnes, pas vrai ?

Olof Klarinder eut l'intuition que quelque chose ne tournait pas rond, mais ne résista pas à la tentation d'ouvrir les deux premiers classeurs de comptes.

Par chance, l'inspecteur des finances survécut à la raclée du prédicateur qui acheva de se retransformer en Dédé le Meurtrier à l'instant où son interlocuteur lui expliquait que dix-sept exemplaires du *Fantôme* de 1979-1980 ne remplaceraient en aucun cas les informations relatives à l'activité de la congrégation requises par le Trésor public. Klarinder fut tout de même correctement amoché quand Dédé le Meurtrier essaya de lui asséner la comptabilité demandée à l'aide du troisième classeur.

Au tribunal, le prédicateur n'avait plus aucun souvenir de ses actes mais, se fiant à son expérience, il reconnut sa culpabilité et écopa de seize mois de prison en vertu du chapitre trois, paragraphe sept, du Code pénal suédois. Auxquels s'ajoutèrent neuf mois en vertu du paragraphe quatre du Code fiscal. Vingt-cinq mois au total, la peine la plus courte à laquelle il ait jamais été condamné, constata-t-il avec satisfaction. Il était vraiment sur la voie de la rédemption.

À l'issue du procès, il put s'entretenir un instant avec Per et Johanna. Il leur présenta ses excuses, il ne comprenait pas quelle mouche l'avait piqué. Johanna le serra longuement dans ses bras en lui disant qu'il était tout pardonné.

— Nous te rendrons visite, promit-elle avec un sourire.

— Vraiment ? lui demanda son amoureux quand ils prirent congé du futur prisonnier.

— Non.

Après un dîner de remerciement en l'honneur de Jerry le Couteau, le couple se retrouva seul dans sa suite au Hilton avec une valise jaune contenant près de sept millions de couronnes. L'église et le camping-car au nom de Dédé le Meurtrier avaient été saisis par les collègues d'Olof Klarinder du Service de recouvrement, tandis que Klarinder lui-même soignait ses fractures éparses à l'hôpital Karolinska. Il ne s'y ennuya pas trop : il avait emporté deux des classeurs de comptes de l'Église d'André. *Le Fantôme* avait toujours été un de ses héros secrets.

TROISIÈME PARTIE

UNE TROISIÈME ENTREPRISE
PAS COMME LES AUTRES

59

Étendu au côté de Johanna sous la couette, Per ne trouvait pas le sommeil. Il pensait à leur situation, à la sienne. À son foutu grand-père de merde qui avait gaspillé la fortune familiale et, par ricochet, fait de son petit-fils le gérant d'un bordel.

Le pasteur et lui avaient à présent un nombre impressionnant de millions de couronnes dans une valise jaune. Ils étaient presque aussi riches que son aïeul en son temps. Ils logeaient dans une suite de luxe et se régalaient de foie gras accompagné de champagne. Un peu parce que c'était délicieux, beaucoup parce que Per insistait pour ne consommer que des aliments coûteux.

Le jeune homme avait pris sa revanche économique, mais elle lui laissait un étrange sentiment de… quelque chose. Ou bien un manque de… d'autre chose ?

Pourquoi, alors qu'il avait remédié avec un bon demi-siècle d'écart au naufrage financier de son ancêtre, la satisfaction n'était-elle pas totale ? Ou au moins significative ?

Sa conscience le tourmentait-elle parce que le pasteur et lui avaient renvoyé Dédé le Meurtrier là où était sa place ?

Bien sûr que non ! Quelle idée !

Chacun avait eu ce qu'il méritait. Sauf le sacristain, peut-être, qui avait compris trop de choses avant de connaître un destin bien plus funeste que l'exigeait la situation. Sans conteste un sort malheureux, mais plutôt anecdotique.

Une petite digression s'impose ici, pour la défense du jeune homme. Appeler « anecdotique » une tentative de meurtre manquée suivie d'un homicide involontaire peut paraître sans cœur. Mais au regard de son héritage génétique, on peut y voir, à défaut d'excuse, une explication.

Il tenait son sens moral de son ivrogne de père (qui préféra une bouteille de cognac à son fils de deux ans) et de son maquignon d'aïeul, qui administrait de l'arsenic à ses poulains dès leur naissance afin qu'ils s'accoutument au poison et soient dans une forme olympique au moment de l'achat, avant de décliner en douceur, lui permettant, ni vu ni connu, de nouvelles ventes.

Quiconque cédait des animaux sur un marché le samedi et recevait des plaintes en raison de leur mort dès le dimanche voyait vite sa réputation se ternir. Les chevaux de l'aïeul tenaient solidement sur leurs jambes le lendemain et leur œil brillait toujours le surlendemain. Ils ne succombaient que des mois plus tard à une affection gastrique, un cancer des poumons ou d'autres organes, une insuffisance hépatocellulaire ou rénale, ou une maladie dont on pouvait difficilement imputer la responsabilité au marchand toujours plus fortuné et renommé. Le grand-père du réceptionniste faisait preuve de précision dans sa posologie, aussi le pelage de ses bêtes virait-il rarement au verdâtre quand leur trépas approchait – conséquence habituelle d'une surdose d'arsenic. Or, tout le monde sait que les chevaux ne sont pas verts (contrairement à la nature et à certains tracteurs). Un marchand avait aussi intérêt à ce que les animaux de trait ne meurent pas avant d'être mis au travail. Exemple : un paysan qui achetait une vaillante bête de labour, fêtait l'affaire par une cuite mémorable et se réveillait le lendemain avec la migraine, alors que son nouveau cheval ne se réveillait pas du tout, avait au moins deux raisons de manquer la messe dominicale et de s'armer d'une fourche pour partir en chasse du vendeur, déjà plusieurs bourgades plus loin.

L'aïeul était trop futé pour ça, mais par la suite il se montra trop bête pour comprendre que l'arrivée des tracteurs sur le marché était dix fois pire qu'un coup de fourche dans le derrière.

La pomme ne tombe jamais loin de l'arbre généalogique, ce qui expliquait le raisonnement de son petit-fils. Un cheval empoisonné avec savoir-faire ou un sacristain abattu à point nommé, quelle différence d'un point de vue moral ?

Après avoir tourné et retourné ses pensées dans sa tête et s'être lui-même tourné et retourné dans le lit un long moment, Per Persson comprit qu'il avait besoin de l'aide de la femme endormie à son côté.

— Chérie, tu dors ?

Pas de réponse.

— Chérie ?

La jeune femme remua. Un peu.

— Oui, je dors. Qu'est-ce qu'il y a ?

Per se morigéna. Quelle idée de lui imposer ses réflexions en pleine nuit ! Idiot, idiot, idiot !

— Pardon. Nous en parlerons demain.

Mais Johanna se redressa dans le lit en regonflant son oreiller.

— Dis-moi ce qu'il y a, sinon je te jure de te lire la Bible des Gédéons toute la nuit !

C'était une menace en l'air : le soir de leur arrivée, découvrant l'exemplaire de la Bible disposé dans le tiroir de la table de chevet, comme dans quasi toutes les chambres d'hôtel du pays, la jeune femme s'était empressée de jeter le volume par la fenêtre. Per comprit cependant qu'il devait se confesser. Il ne savait simplement pas par où commencer.

— Eh bien, voilà, ma douce…, se lança-t-il. On s'est plutôt bien débrouillés dans l'ensemble, tu ne trouves pas ?

— Tu dis ça parce que les gens qui se dressaient sur notre chemin sont à présent soit morts, soit en prison, tandis que nous trinquons au champagne ?

Hum, ce n'était pas tout à fait ce qu'il voulait

dire, du moins pas dans des termes aussi directs. Per expliqua qu'ils avaient plutôt bien réparé les injustices ancestrales. Lui-même avait troqué la déroute financière de son aïeul contre une suite de luxe, du foie gras et du champagne. Or cet argent existait parce qu'ils avaient uni leurs forces et malmené la Bible.

— Je pense peut-être plutôt en termes de but. Ce serait… énervant si cette poétesse, quel que soit son nom, celle qui a écrit que le cheminement vaut la peine… si elle avait…

— Le cheminement ? répéta Johanna, mal réveillée, qui comprit qu'elle n'était pas près de se rendormir.

— Oui, le cheminement. Si le but était cette suite de luxe avec la Bible des Gédéons qui a fini par la fenêtre, pourquoi la vie ne nous sourit-elle pas ? Ou bien penses-tu qu'elle le fait ?

— Quoi donc ?

— Qu'elle nous sourit.

— Qui ?

— La vie.

— Il est quelle heure ?

— Une heure dix.

60

La vie leur souriait-elle ?

Johanna savait une chose : si cela était avéré, c'était une nouveauté. Jusqu'ici, la vie s'était plutôt foutue d'elle.

Si elle réfléchissait au lieu de se rendormir, elle devait admettre que le problème était moins son manque de foi que sa volonté farouche de ne pas croire. La Bible pouvait être lue de tant de façons. Johanna avait choisi la sienne, réaffirmant ainsi sa rancœur envers son père, son grand-père, son arrière-grand-père et tous ses aïeux à peu près jusqu'au règne de Gustave III (qui avait des similitudes avec le sacristain, si ce n'était que le roi, lui, s'était fait tirer dans le dos).

— Alors tu crois quand même un peu à ce que dit ce bouquin ? demanda le réceptionniste.

— Je n'irais pas jusque-là. Merde alors, Noé n'a pas vécu neuf cents ans !

— Neuf cent cinquante.

— Non plus. N'oublie pas que je viens de me réveiller.

— C'est la première fois que je t'entends jurer.

— Ça m'est déjà arrivé. Mais rarement avant 1 heure du matin.

En dépit de l'obscurité qui voilait leurs visages, ils surent tous les deux qu'ils venaient de se sourire tendrement.

Per concéda alors que ses interrogations étaient peut-être idiotes, mais qu'elle n'avait pas daigné les commenter.

Johanna bâilla, puis avoua qu'elle n'avait pas répondu pour la simple raison qu'elle avait oublié la question.

— S'il te plaît, repose-la. Je suis réveillée, de toute façon.

Étaient-ils tous deux aussi satisfaits qu'ils pouvaient l'être ? La vie leur souriait-elle ?

Après un silence, Johanna décida de prendre la conversation au sérieux. Elle trouvait agréable de manger du foie gras au Hilton en compagnie de son réceptionniste. Bien plus que monter une fois par semaine en chaire pour mentir à un troupeau de moutons.

Néanmoins, son amoureux avait raison de souligner que les jours se ressemblaient à s'y méprendre et que tous deux n'étaient peut-être pas voués à rester dans cette suite jusqu'à épuisement du contenu de la valise. À propos, elle se vidait vite, non ?

— Si nous modérons notre consommation de foie gras et de champagne, on en a pour environ trois ans et demi, répondit Per, sans oser donner de chiffre précis.

— Et ensuite ?

— C'est ce que j'aimerais savoir.

La réflexion de Per Persson avait fait resurgir dans la mémoire de Johanna l'un des poèmes les plus célèbres du pays. Il commençait ainsi : « Le jour assouvi n'est jamais le plus beau jour. Le plus beau jour est un jour de soif. »

Ce n'était pas le poème lui-même qui lui donnait matière à s'interroger sur l'existence, mais le suicide de la poétesse quelques années plus tard. Cela ne pouvait tout de même pas être le sens de la vie.

Quand Johanna se remémorait les instants vraiment gratifiants depuis sa rencontre avec Per, ce qui lui venait à l'esprit (en dehors de leurs agréables intermèdes sur un matelas, dans un camping-car, derrière un orgue ou dans tout endroit disponible) était les dons effectués par-ci par-là. Le chahut à la boutique de la Croix-Rouge à Växjö n'avait peut-être pas été un coup de maître, mais, le choc passé, voir un soldat du Salut chanceler d'émotion devant le magasin de spiritueux de Hässleholm donnait la pêche. Et le camping-car arrêté devant le siège de Save the Children. Et Dédé le Meurtrier en train d'aboyer sur le garde qui refusait le paquet peut-être piégé destiné à la reine…

Per acquiesça, avec une pointe d'inquiétude. Johanna insinuait-elle qu'ils devraient donner le contenu de la valise à d'autres nécessiteux qu'eux-mêmes ? C'était cela, le cheminement ?

— Bon sang ! Ça va pas, la tête ? glapit Johanna en se redressant dans le lit.

— Tu as encore juré !

— Alors arrête de dire des conneries pareilles !

Ils conclurent finalement que la vie leur souriait depuis un moment, puisqu'ils avaient donné d'une main, sans que nul ne s'aperçoive qu'ils prenaient le double de l'autre. Ils trouvaient plus de bonheur à recevoir, mais donner avait ses bons côtés.

— Et si le sens de nos vies était d'apporter le bonheur aux autres tant que nous avons des raisons financières de nous réjouir encore plus ? Un peu comme le projet d'Église, mais sans Dieu, Jésus ni les tireurs embusqués dans le clocher, résuma Per.

— Ni Noé ! ajouta Johanna.

— Quoi ?

— Sans Dieu, Jésus, les tireurs ni ce foutu Noé. Je ne le supporte pas !

Per promit de trouver une nouvelle équation dans laquelle nul ne saurait que leur charité bien ordonnée commencerait par eux-mêmes. Elle devait à tout prix exclure Noé et son arche.

— Ça ne t'embête pas si je dors pendant que tu peaufines les détails ? demanda Johanna Kjellander en se préparant au « non » qu'elle avait bien des raisons d'espérer.

Le jeune homme trouvait en sa compagne un précieux interlocuteur, même ensommeillée. Il lui répondit qu'elle pouvait se rendormir si elle n'avait pas l'intention de lui retourner l'amour du prochain qu'il ressentait soudain.

Joignant le geste à la parole, il en profita pour se pencher de plus près sur la question.

— Il est presque une heure et demie, annonça Johanna Kjellander.

Et elle lui rendit son étreinte.

61

La troisième conférence criminelle de Suède par ordre et par taille se tint dans le même local que la précédente, avec quinze hommes. Les deux autres avaient été entre-temps rattrapés par la justice quand, sous l'empire d'une trop grande quantité de drogue, ils avaient attaqué ce qu'ils croyaient être un fourgon de transport de fonds, en réalité un boulanger ambulant.

Même si le butin ne représentait pas beaucoup plus qu'un paquet de dix petits pains Eskelunds Hembageri (un des braqueurs avait la dalle), l'attaque impliquait des armes chargées et les criminels furent condamnés en conséquence. La chaîne de boulangerie eut les honneurs de tous les médias, ce qui conduisit le directeur à envoyer deux beaux géraniums à la maison d'arrêt où les voleurs attendaient leur procès. Le personnel de l'établissement crut à une tentative d'introduction de narcotiques, car jamais par le passé des détenus n'avaient reçu (ni espéré, d'ailleurs) des fleurs en remerciement pour un crime raté. Les gardiens procédèrent donc à un examen minutieux des pots. Les cadeaux n'atteignirent jamais leurs destinataires car, après l'inspection, ils n'en valaient plus la peine.

Les malfaiteurs présents à la conférence ne purent que constater que le comte et la comtesse avaient quitté ce monde après un combat acharné contre les braves frères Olofsson, qui refusèrent de raconter en détail comment ils s'y étaient pris.

« Secret professionnel », argua Olofsson tandis que son frère opinait du chef.

Dédé le Meurtrier, quant à lui, avait à nouveau été envoyé derrière les barreaux et son étrange projet religieux, par le fond.

Les quinze hommes devaient à présent réfléchir au sort à réserver aux acolytes de Dédé. Selon toute logique, les deux complices détenaient plusieurs millions de couronnes. Le meurtrier étant en lieu sûr en prison, une conversation pas forcément amicale avec le duo à propos de remise de l'argent en main propre ne présentait sans doute pas grand risque. La répartition du fric, quant à elle, faisait l'objet de quinze avis différents.

L'homme appelé le Bœuf allégua que les complices de Dédé méritaient de subir le même sort que le comte et la comtesse. En leur faisant avaler par exemple une grenade chacun, procédure à laquelle les frères

322

Olofsson pourraient veiller, puisqu'ils avaient déjà de l'expérience en la matière.

Après discussion, on vota à quatorze voix contre une que nul n'arriverait à avaler une grenade, même en ayant recours à une aide extérieure (sans parler des risques pour la personne chargée d'enfoncer la grenade dans la gorge de la victime), et que réduire le duo en miettes risquait de donner de mauvaises idées à Dédé le Meurtrier.

Plus de meurtres pour le moment ! La volonté de taire les noms des clients qui avaient commandité un meurtre ou une sévère correction à Dédé faisait toujours l'unanimité. Même si le comte et la comtesse brûlaient en enfer (où ils les rejoindraient sans doute tous les quinze), le meurtrier risquait de se mettre à table. Laisser filer le pasteur et son acolyte après qu'ils se furent rachetés était une simple mesure de sûreté.

À treize voix contre deux, on chargea Olofsson et Olofsson de cueillir les deux compagnons. À force de gémir, les frères obtinrent un dédommagement de cinquante mille couronnes, la somme ne pouvait pas aller au-delà maintenant qu'il n'était plus question de prendre des vies.

Les pauvres frères Olofsson n'avaient pas la moindre idée de l'endroit où chercher le pasteur et l'autre type. Ils décidèrent de traîner quelques jours autour de l'église, puis encore quelques-uns. La seule évolution visible était les mauvaises herbes qui commençaient à envahir l'allée de gravier jusqu'à l'entrée. En dehors de ça, aucun signe d'activité.

Au bout d'une petite semaine, un des frères suggéra de tourner la poignée de la porte de l'édifice pour voir si elle était ouverte. Elle l'était.

La nef évoquait toujours un champ de bataille. Au Service de recouvrement, nul n'avait donné la priorité au nettoyage du bien saisi.

Mais pas d'indices sur le sort du pasteur et de son complice.

Dans la sacristie, en revanche, ils trouvèrent dix hectolitres de vin, qui valait le détour. Il n'était pas mauvais du tout, mais ne menait à rien si ce n'est qu'il rendit leur vie désagréable un peu plus agréable.

Ils découvrirent aussi des piles de magazines dans une armoire. À en juger par les dates de parution, cela faisait au moins trente ans qu'ils étaient là.

— Des BD dans une église ? s'étonna Olofsson.

Sans répondre, son frère s'assit pour se plonger dans une aventure d'*Agent Secret X-9*.

Olofsson passa à l'inspection d'une corbeille à papier. La retournant, il fouilla dans les divers documents roulés en boule. Tous étaient des reçus de paiement en liquide versés à l'hôtel Hilton de Slussen à Stockholm. Une première nuit, puis une autre et encore une... Les salauds ! Ils étaient descendus à l'hôtel Hilton aux frais d'Olofsson et de leurs camarades ? Une nuit à la fois. Toujours prêts à fuir.

— Viens ! lança Olofsson, qui venait de tirer la conclusion la plus intelligente de sa vie.

— Une seconde, répondit Olofsson, à présent absorbé par un épisode de *Modesty Blaise*.

62

Johanna et – surtout – Per continuèrent à réfléchir à la façon de vivre leur vie. Au bout de six jours, ils étaient plus convaincus que jamais qu'ils ne trouveraient pas de réponse dans la suite Riddarholm au Hilton.

C'est en cherchant un autre logement qu'ils découvrirent à quel point déménager pouvait se révéler onéreux. Pour un trois-pièces au centre de Stockholm, la valise complète y passerait. À quoi bon essayer de profiter de la vie en limitant leurs frais s'ils commençaient par se ruiner ? S'inscrire sur une liste d'attente pour la location d'un appartement n'apportait pas grand-chose si on n'était pas disposé à attendre neuf cent cinquante ans, ce qu'une seule personne avait réussi à faire jusqu'ici.

Ni le réceptionniste ni le pasteur n'avaient d'expérience en matière de location. Depuis sa majorité, Per Persson avait dormi soit dans l'annexe d'une réception, soit dans un camping-car. Johanna ne connaissait guère que le presbytère de son père ou le dortoir étudiant à Uppsala. Jeune diplômée, elle avait fait l'aller-retour entre sa chambre d'enfant et son travail à vingt kilomètres de là, son père ne lui autorisant pas plus de liberté.

Le couple décida qu'il aimait trop le contenu de la valise jaune pour le dépenser uniquement en frais de logement.

Ils découvrirent sur le Net une cabane de pêcheur sur une île au milieu de la mer Baltique et furent immédiatement séduits par son prix (donné ou presque) et son éloignement (une bonne centaine de milles marins) des criminels de Stockholm.

Il y avait une explication au faible prix de vente : il était défendu d'occuper la cabane en permanence, d'isoler les murs et le plafond et d'installer des toilettes.

— On peut sans doute se passer d'isolation avec un bon feu de cheminée, dit Johanna. Mais s'accroupir au-dessus d'une congère par des températures négatives est nettement moins tentant.

— Je suggère qu'on l'achète. Une fois bien installés, nous commencerons par nous réchauffer avec le pavé de directives environnementales. Ensuite, ignorants comme nous le sommes, nous ferons quelques travaux.

— Et si quelqu'un vient vérifier ?

Après toutes ces années sous la coupe de son père, Johanna restait soucieuse de l'autorité.

— Qui, par exemple ? Le contrôleur spécial des toilettes du comté ? Quelqu'un qui frappe de porte en porte pour s'assurer que les gens font caca où il faut ?

En plus des règles énoncées ci-dessus, ils auraient tout juste le droit de sortir de la cabane. C'est du moins l'impression que leur laissa leur conversation téléphonique avec le propriétaire du terrain, qui parla de protection des plages, des eaux, de la faune, du biotope et d'une poignée d'autres protections que Johanna n'eut pas la force d'écouter jusqu'au bout.

L'homme précisa finalement qu'il n'aurait pas cédé son trésor culturel à n'importe qui, mais qu'il était rassuré qu'un serviteur du Seigneur soit disposé à prendre soin de cet héritage.

— Dieu vous bénisse, conclut Johanna. Pouvez-vous envoyer l'acte de vente immédiatement ? J'ai hâte de m'atteler à la tâche.

Le propriétaire préférait une rencontre face à face, afin de sceller l'accord autour d'un bol de soupe de varech. À ces mots, Per, qui écoutait la conversation, décida que c'en était trop. S'emparant du combiné, il se présenta comme l'assistant du pasteur Kjellander, expliqua qu'ils participaient à une conférence à l'hôtel Hilton à Stockholm et se rendaient deux jours plus tard en Sierra Leone, dans le cadre d'un projet humanitaire contre les écrouelles. Le propriétaire ferait donc mieux d'expédier les documents signés à l'hôtel où ils leur seraient transmis avant leur départ. Il recevrait l'acte contresigné par retour de courrier.

— Oh, mais bien sûr ! s'exclama l'homme, qui promit de filer tout droit à la poste.

Quand Per Persson eut raccroché, le pasteur l'informa que les écrouelles n'existaient plus sous ce nom et que la maladie elle-même se soignait à l'aide d'antibiotiques plutôt que par apposition des mains.

— Mais à part ça, bon boulot, le complimenta-t-elle. Et la Sierra Leone, au fait, ça t'est venu d'où ?

— Je ne sais pas. Mais s'ils n'ont pas les écrouelles, ils ont sûrement autre chose.

Il était temps de faire les valises. Ou plutôt, la valise. En raison des tarifs pratiqués à l'hôtel Hilton, les piles de billets s'étaient suffisamment amenuisées pour que leurs maigres possessions viennent s'y intercaler.

Le couple et la valise jaune quittèrent l'hôtel une fois pour toutes. La rouge, désormais inutile, resta dans la chambre. Ils avaient l'intention de parcourir à pied la faible distance qui les séparait de la gare centrale, de prendre le bus pour Nynäshamn et, de là, le ferry pour Gotland.

Mais l'intention ne fait pas l'action.

63

Olofsson et Olofsson avaient eu de la chance quand ils étaient tombés sur le comte et la comtesse quelques jours auparavant. Et aujourd'hui, ils ne furent pas plus malchanceux : ils attendirent dix minutes à peine devant l'entrée du Hilton.

— Oh, ben merde alors ! lança Olofsson à son frère, qui avait toujours un magazine de BD en main. Ils sont là !

— Où ça ? demanda Olofsson, confus.

— Là ! Avec la valise jaune ! Ils ont rendu leur suite, ils vont aller quelque part !

— Oui, à notre planque, rétorqua le frère d'Olofsson avec colère en lançant le magazine sur la banquette arrière. Suis-les et je les cueille à la première occasion.

Celle-ci se présenta au niveau de la place Söder-malm, cinquante bons mètres plus loin. Olofsson jaillit du côté passager et força le couple à s'asseoir à l'arrière en les menaçant d'un revolver deux fois plus gros que le modèle égaré dans un moment d'ivresse devant l'église (avec la conviction que plus le revolver était gros, plus il serait difficile à perdre). Face au Smith & Wesson 500 de deux kilos et demi pointé sur eux, le couple préféra suivre le conseil de l'inconnu.

Olofsson envisagea d'abord de laisser leur valise dans la rue, mais la jeta finalement sur les genoux des prisonniers. Elle contenait peut-être des indices quelconques, au cas où les captifs seraient assez bêtes pour ne pas cracher le morceau et révéler où se trouvait l'argent.

Le pasteur, le réceptionniste et la valise jaune se tenaient côte à côte dans la salle de réunion de la pègre du Grand Stockholm, au sous-sol d'un des bistrots les moins enclins de la capitale à payer les taxes. À la stupéfaction de Johanna, les quinze hommes ne prêtèrent aucune attention à la valise.

— Bienvenue parmi nous, lança le chef officieux des malfaiteurs. Nous vous laisserons repartir, d'une manière ou d'une autre. Les pieds devant, par exemple.

Il déclara ensuite que le pasteur et l'autre type devaient au moins trente millions de couronnes au groupe.

— Hum, ça dépend de la façon de compter, objecta avec courage Johanna. Pour commencer, trente millions, ça paraît beaucoup.

— « Per Persson », intervint le réceptionniste qui n'appréciait pas d'être appelé « l'autre type ».

— Ton nom, je m'en balance ! répliqua le meneur avant de se tourner à nouveau vers Johanna. Comment ça « pour commencer » et « la façon de compter » ?

Johanna Kjellander ne savait pas avec certitude comment tout avait commencé ni de quelle manière compter, mais la machine était lancée. Elle n'avait pas droit à l'erreur. Dans ce genre de situation, la règle stipulait de parler d'abord et penser ensuite.

— Eh bien, selon une estimation rapide, dix millions suffisent amplement.

À peine ces mots prononcés, elle se morigéna d'avoir avancé une somme nettement supérieure à celle dont Per et elle disposaient pour acheter leur liberté.

— Et si, par hasard, votre estimation rapide nous convenait, où sont ces dix millions ? reprit le chef des criminels, qui ne perdait pas le nord.

Per Persson n'était décidément pas doué pour improviser en temps de crise. Tandis qu'il cherchait une idée à convertir en mots qui retourneraient la situation à leur avantage, Johanna avait déjà repris la parole.

— Avant de vous en dire plus, je voudrais discuter de la somme en question.

— Quoi ? protesta le meneur. Tu viens toi-même de proposer dix millions, merde !

— Allons, allons, ne jurez pas ! le gronda Johanna. Il voit et entend tout d'en haut.

« La voilà lancée », songea son amoureux.

— J'ai dit que selon une rapide estimation, dix millions semblaient plus raisonnables. Mais sans vouloir commettre une indiscrétion, au moins trois de ces millions viennent de la commande du comte et de la comtesse pour éliminer certaines personnes ici présentes, ou de ceux d'entre vous qui ont passé la commande inverse…

Un murmure inquiet parcourut le groupe. Elle n'allait tout de même pas révéler les noms des commanditaires et la liste des sévices demandés ?

— Si vous me permettez de poursuivre, poursuivit Johanna sans attendre la permission, il serait, à mon humble opinion, immoral de votre part d'exiger un remboursement de Dédé le Meurtrier pour la raison qu'il n'a tué aucun d'entre vous.

Per suivait avec difficulté le raisonnement de sa compagne. Leurs ravisseurs, eux, avaient décroché. Johanna avait perdu la plupart d'entre eux dès le mot « immoral ».

— Je pense qu'une réduction supplémentaire serait même de mise, vu le résultat de la commande visant le comte et la comtesse. S'ils ne s'étaient pas cachés dans un bosquet pour abattre l'homme payé pour les tuer, ils ne seraient jamais morts, n'est-ce pas ?

Nouveaux murmures.

— Où veux-tu en venir ? demanda le meneur d'un ton maussade.

— Au simple fait que nous avons une valise rouge, déclara le pasteur en posant la main sur la jaune.

— Une rouge ?

— Qui contient exactement six millions de couronnes. L'ensemble de nos recettes. Je présume que certains d'entre vous ont fait leur confirmation et croient encore qu'il y a une vie après celle-ci, mais qu'ils se passeraient volontiers de retrouvailles avec le couple d'aristos. Six millions de couronnes ne constituent-ils pas un dédommagement plutôt correct pour la non-mise à mort d'un pasteur ?

— Et d'un Per Persson ! ajouta vivement l'intéressé.

— Et d'un Per Persson, bien entendu.

Le meneur du groupe répéta qu'il se fichait comme d'une guigne du nom du réceptionniste, tandis que de nouveaux murmures parcouraient l'assemblée. Johanna essaya de déchiffrer la tonalité des différentes voix. Les avis semblaient diverger. Aussi s'empressa-t-elle d'ajouter :

— La valise est cachée en lieu sûr, connu de moi seule. Je crois que je suis disposée à vous le révéler. Seulement sous la torture. Mais est-ce vraiment la meilleure façon d'apaiser le Seigneur ? Sans compter Dédé le Meurtrier, qui n'a sans doute pas perdu l'usage de la parole juste parce qu'il est en prison.

Cette dernière menace fit frissonner plusieurs des affreux.

— Je suggère donc que celui dont vous ne voulez pas savoir le nom et moi vous remboursions au plus vite les six millions de couronnes contre la promesse, sur votre honneur de voleurs, de nous laisser repartir indemnes.

— Ou trois millions, intervint Per qui, malgré leur

situation incertaine, désespérait à l'idée de se retrouver à nouveau sans le sou. Et peut-être irons-nous tous au ciel le jour venu.

Per acheva une fois pour toutes de se mettre la pègre à dos.

— Je me contrefous non seulement de ton nom, mais aussi de l'endroit où tu finiras si je décide de te dépecer comme un lapin ! asséna le meneur.

Johanna intervint pour calmer l'esprit sanguinaire de son interlocuteur et aussi parce qu'elle était arrivée à la conclusion qu'ils n'auraient pas la vie sauve à moins que ça.

— Six millions, comme promis.

Nouveaux murmures. Finalement, les malfaiteurs décidèrent que six millions étaient un prix acceptable pour ne pas tuer un pasteur et un type qui insistait pour se présenter. Les supprimer aurait été plus simple, mais un meurtre restait un meurtre et la police restait la police. Sans parler des ennuis avec Dédé le Meurtrier et sa grande gueule.

— D'accord ! trancha le chef. Vous nous conduisez à la valise rouge et aux six millions, nous vérifions la somme dans ce même sous-sol et, si tout y est, vous décampez. Et après, en ce qui nous concerne, vous n'existez plus.

— Mais en ce qui nous concerne, nous existons toujours ? ne put s'empêcher de demander Per.

— Si vous avez envie de sauter du pont Västerbron, c'est à vous de voir, mais vous n'êtes plus sur la liste.

À condition que la valise rouge contienne exactement ce que vous avez promis.

Baissant légèrement les yeux, Johanna Kjellander répondit d'un ton humble que le Seigneur avait toujours de l'indulgence pour les mensonges tant qu'ils étaient pieux comme un évêque.

— Qu'est-ce que tu veux dire ?

— La valise rouge… est en réalité jaune.

— Comme celle sur laquelle tu t'appuies ?

— C'est rapide, comme livraison, pas vrai ? lança Johanna avec un sourire. Ça ne vous embête pas si mon ami et moi prenons nos brosses à dents, des sous-vêtements et les quelques bricoles qui s'y trouvent avant de nous en aller ?

Et elle ouvrit la valise avant que le meneur et consorts aient le temps de réagir.

64

Tandis que l'avidité accumulée mettait le nez et les mains dans la valise pleine d'argent, le pasteur réussit à attraper slips, brosses à dents, une robe, un pantalon et autres accessoires, puis souffla à son réceptionniste que le moment était venu de disparaître.

Aucun d'eux, pas même le meneur qui n'était pas moins rapace que les autres, ne remarqua la sortie des prisonniers. Mais il hurla à ses compagnons d'arrêter de se remplir les fouilles : la répartition de l'argent devrait se dérouler dans l'ordre et la discipline.

À ce cri, la majorité des billets retourna dans la valise, mais pas tous. Le malfaiteur numéro deux affirma avoir vu numéro quatre enfoncer une grosse liasse dans sa poche avant gauche et décida d'en fournir la preuve.

Numéro quatre n'était pas du genre à se laisser tripoter, surtout aussi près de ses bijoux de famille et sous les yeux de leurs collègues. Soucieux de préserver son rang dans la hiérarchie, il fit taire l'accusateur d'un coup de poing. Celui-ci tomba à la renverse et, par chance, perdit connaissance quand son crâne heurta le béton, sans quoi la situation aurait vraiment dégénéré. À la place, le calme persista quatre minutes de plus.

Le criminel en chef réussit à ramener l'ordre dans la troupe. Six millions de couronnes devaient être répartis entre quinze personnes, ou quatorze, selon que l'homme à terre se réveillait ou pas.

Comment diviser six millions par quinze ? Ils n'avaient pas la bosse des maths. Des voix s'élevèrent alors pour suggérer d'appliquer une réduction aux Olofsson en raison des sommes qu'ils avaient déjà perçues, et de les compter comme une seule personne, puisqu'ils portaient le même nom. À ces mots, le plus irritable des frères s'emporta encore plus qu'à l'accoutumée et déclara au criminel numéro sept (le Bœuf) qu'il regrettait que Dédé le Meurtrier ne lui ait pas tranché la gorge.

— Ah, je vois, espèce de salaud, dit le Bœuf. Tu avais passé un contrat sur ma tête !

Sur ce, il sortit un couteau pour infliger à Olofsson ce qu'Olofsson espérait que Dédé infligerait au Bœuf.

L'autre Olofsson, pris de panique, tenta alors une diversion. La seule idée qui lui vint fut de décharger son Smith & Wesson 500 à bout portant dans la valise pleine de billets. L'arme entre ses mains était capable d'abattre un véritable bœuf si besoin. Pas étonnant, donc, que le coup de feu déclenche un petit incendie parmi les billets de banque.

La manœuvre eut l'effet désiré : le Bœuf et les autres malfaiteurs (sauf celui à terre), étourdis quelques instants par la détonation, se concentrèrent ensuite sur l'argent qui partait en fumée. Tous les pieds qui purent s'insérer dans la mêlée tapèrent ensemble sur les billets. Le feu était sur le point de s'éteindre quand le criminel numéro huit eut l'idée de noyer les dernières flammèches en sacrifiant une bouteille de gnôle maison à quatre-vingt-dix pour cent.

Olofsson et Olofsson avaient eu la bonne idée de quitter le sous-sol quelques secondes avant que l'incendie ne reparte de plus belle. Les autres malfaiteurs durent vite les imiter (sauf numéro deux, qui resta étendu sur le sol et périt dans le brasier, s'il n'était pas mort en tombant à la renverse). L'alcool à quatre-vingt-dix pour cent n'avait pas – et n'a jamais – réussi à étouffer la moindre flamme.

Cette nuit même, quatre hommes se rendirent chez Olofsson et Olofsson. Ils n'appuyèrent pas sur la sonnette, ne frappèrent pas à la porte. En revanche, à coups de hache, ils réduisirent le panneau en copeaux. Ils eurent beau chercher, ils ne trouvèrent aucune trace des deux Olofsson. Seulement un hamster terrifié baptisé Clark d'après un célèbre braqueur de banques de jadis. Olofsson avait forcé son frère à abandonner l'animal. Après la débâcle au sous-sol, ils avaient pris un train en direction de Malmö, à six cents kilomètres de leurs collègues à la détente facile en ce qui les concernait.

Ville sympathique, Malmö avait un des taux de criminalité les plus élevés de Suède. Un méfait supplémentaire ou deux par semaine passeraient inaperçus, en conclut Olofsson. Son frère et lui commencèrent par un petit braquage, celui d'une station-service : ils emportèrent la caisse et quatre gaufrettes au chocolat avant de filer avec la voiture du gérant.

Per était un tantinet perplexe. Comment se faisait-il que la valise contienne exactement six millions de couronnes ? Alors qu'il aurait dû y en avoir au moins six cent mille de plus ?

Il avait raison, mais Johanna lui expliqua qu'en faisant les bagages elle avait gardé un peu d'argent sur elle. Non pour faire de la place aux sous-vêtements et autres babioles, mais pour éviter d'avoir à ouvrir la valise pour les menus achats.

— Ou une insignifiante cabane de pêcheur à Gotland ?

— Exactement.

Ils aménagèrent les lieux en violation flagrante d'un nombre inconnu de règlements dont ils firent des allume-feu et ils n'appelèrent pas le propriétaire pour obtenir son approbation avant d'éliminer à l'eau de Javel une énervante colonie de guêpes des sables figurant sur la liste des espèces menacées.

— On devrait arriver à faire fructifier notre demi-million chez les uns et les autres, déclara Johanna.

Per partageait cet avis. Revissant le bouchon de la bouteille d'eau de Javel, il lui rappela qu'il était important que les uns ne redistribuent pas un öre de plus que ce que donnaient les autres.

66

La ville médiévale de Visby et ses commerces se préparaient à l'approche des fêtes de fin d'année. Les taux directeurs stagnaient à près de zéro virgule zéro, encourageant les consommateurs à emprunter l'argent qu'ils n'avaient pas afin que, cette année encore, les achats de Noël battent les records précédents. En conséquence, les gens conservèrent leur emploi et, ainsi, les moyens de rembourser les prêts que les banques venaient de leur accorder. L'économie est une science subtile.

Per réfléchissait depuis quelques mois à une mise en pratique du principe voulant qu'il y ait plus de bonheur à prendre qu'à donner (tout en donnant l'impression inverse). Jusqu'ici, son imagination lui avait soufflé uniquement différentes formes de dons. Distribuer un peu d'argent était facile. Amusant. Et complètement dingue à moins de recevoir au moins autant en retour.

Ce qui avait fonctionné une fois avec un ancien

meurtrier généreux d'un côté et un grand nombre de seaux de quête de l'autre était obsolète. Sans paroisse ni meurtrier, ils ne pouvaient réinstaurer que les seaux, mais à quoi bon ?

Un jour qu'ils se promenaient le long de Häst-gatsbacken, les deux amoureux croisèrent un homme affublé d'un costume rouge et d'une barbe blanche, sans doute engagé par l'association des commerçants du centre-ville. Il déambulait sur la colline, souhaitant joyeux Noël aux passants et offrant des biscuits aux épices aux enfants. Petits et grands se réjouissaient à sa vue et à celle de ses gâteaux. Cela les encouragerait-il à dépenser plus d'argent dans les boutiques environnantes ? Rien n'était moins sûr.

L'apercevant, Johanna Kjellander émit l'idée que les événements auraient peut-être suivi un autre cours si, au lieu du Christ, elle avait bourré le crâne de Dédé le Meurtrier avec le père Noël. L'image de leur prédicateur en train d'invoquer le père Noël tout-puissant en chaire fit sourire Per.

— Avec distribution de vin doux aux épices, précisa la jeune femme. Il faut prêter attention aux détails.

Per fit alors la constatation que la différence entre Notre Père qui est aux cieux et le père Noël (où qu'il habite) n'était pas si grande que ça.

— Tu penses à l'inexistence des deux personnages ou à leurs barbes ?

— Ni à l'un ni à l'autre. Tous deux ont une réputation de bonté, n'est-ce pas ? Nous tenons peut-être une piste.

Évoquer devant Johanna la bonté divine, c'était prendre des risques. Elle déclara connaître une centaine d'exemples tirés de la Bible prouvant que le Seigneur souffrait de psychose. Elle ne pouvait se prononcer sur le père Noël, mais descendre par les cheminées pouvait faire douter de sa santé mentale.

Per lui rappela gaiement qu'eux-mêmes n'étaient ni des agneaux innocents ni des enfants sages. Ils avaient régulièrement enfreint neuf des dix commandements. Le seul crime qu'ils n'avaient pas réussi à commettre était celui d'adultère.

— À ce propos, lança Johanna, on pourrait se marier puisque nous sommes sans cesse accrochés l'un à l'autre ? Un mariage civil bien sûr, et tu achètes les alliances.

Per accepta immédiatement la demande en mariage et promit des anneaux en or. Mais avant, il voulait corriger une chose : ils n'avaient jamais tué personne.

— Vrai ! renchérit Johanna. Le score passe donc de 9-1 à 8-2. À peine plus reluisant !

Per ne se donna pas la peine de faire de commentaire. Mais pourquoi ne pas régler maintenant la question des commandements ? On avait le droit de convoiter sa promise, pas vrai ? Et aussi les liasses communes de billets de cinq cents couronnes ?

Sa future épouse objecta que c'était une affaire d'interprétation, mais qu'elle voulait surtout mettre une fois pour toutes la Bible derrière eux. Le royaume des cieux n'existait pas et, dans le cas contraire, cela ne valait pas la peine de faire la queue devant ses portes. La perspective d'une réprimande de Dieu au seuil de son royaume était plus qu'elle pouvait supporter. Changeant de sujet, elle demanda si le père Noël était la variable préférée de Per dans l'équation sur la générosité avec retour sur investissement.

Il répondit avec franchise n'avoir pour l'instant aucune solution, tant qu'elle – comme lui – ne se satisferait pas de charité désintéressée.

— Ce que je n'ai aucune raison de croire.

— Exact, acquiesça son amoureuse. Mais que voulions-nous faire ensuite, quand il n'y aura plus d'argent ?

— Nous marier ?

— Ça, nous venons de le décider. Mais notre mariage ne nous rendra pas plus riches, si ?

— Ne dis pas ça. Il y a les allocations familiales. Avec six ou sept gamins, nous arriverons sûrement à joindre les deux bouts.

— Idiot, fit Johanna en souriant.

À cet instant, elle aperçut une bijouterie.

— Allez, suis-moi ! C'est l'heure des fiançailles !

67

L'hiver céda la place au printemps, qui se changea en été. L'état de péché allait enfin cesser, du moins sur un point. Le moment était venu pour Johanna Kjellander et Per Persson de devenir mari et femme.

L'officier le plus civil qu'ils trouvèrent était la préfète de Gotland, qui accepta de les unir au bord de l'eau, près de la cabane de pêche.

— Vous habitez ici ? demanda-t-elle.

— Ça ne va pas, la tête ? dit le pasteur.

— Où habitez-vous, alors ?

— Ailleurs, répondit le futur marié. On peut commencer ?

Les jeunes fiancés avaient choisi la version courte, qui ne durait que quarante-cinq secondes, malgré les arguments de la fonctionnaire en faveur de celle de trois minutes. Elle avait dû faire un long déplacement et trouvait un peu minable de demander simplement « Voulez-vous prendre… » deux fois pour ensuite retourner à la résidence préfectorale. En plus, elle avait préparé quelques belles phrases sur le devoir de prendre aussi soin l'un de l'autre que de la fragile nature de Gotland.

Quand, après quelques discussions au téléphone, le réceptionniste avait compris que les services de la préfète restaient gratuits quelle que soit la durée de la cérémonie, il avait accepté qu'elle mentionne l'amour et la reproduction si elle y tenait vraiment. Après l'avoir remerciée, il reposa le combiné et cacha les bouteilles d'eau de Javel. Et le lendemain, il acheta dix arbres magiques désodorisants qu'il enfouit dans le varech pour redonner à la nature chérie de la préfète une odeur océanique.

Le couple présenta un formulaire de mariage et un certificat de non-empêchement, ce qui lui valut les félicitations de la préfète.

— Où sont vos témoins ?

— Comment ça ? demanda Per.

— Et merde ! lança Johanna, qui avait uni assez de gens pour comprendre tout de suite de quoi il s'agissait. Un instant ! ajouta-t-elle avant de rejoindre au pas de course un couple âgé qui flânait plus loin.

Tandis que la préfète prenait conscience qu'elle s'apprêtait à célébrer une union civile avec un pasteur vulgaire pour épouse, celle-ci argumentait avec les promeneurs qui ne parlaient ni suédois, ni anglais, ni allemand, ni français, ni aucune autre langue connue de Johanna. Les deux touristes japonais comprirent cependant que la jeune femme leur demandait de les suivre et ils obtempérèrent.

— Êtes-vous les témoins des fiancés ? demanda la préfète.

— Dites « haï », leur souffla Johanna (c'était le seul mot japonais qu'elle connaissait).

— はい, répéta le témoin.

— はい, renchérit sa femme.

— Nous sommes amis de longue date, déclara la fiancée.

La préfète dut recourir à un peu plus de paperasse et d'imagination pour valider l'union. Mais elle faisait partie des gens qui préfèrent résoudre les problèmes plutôt qu'en créer et, peu après, le couple obtint la confirmation écrite du mariage.

L'été passa, l'automne lui succéda. Le pasteur était déjà dans son quatrième mois de grossesse.

— Les premières allocations familiales sont en route ! s'écria le futur père. Encore quatre ou cinq enfants et l'affaire sera conclue. En espaçant raisonnablement les naissances, nous n'aurons pas besoin de dépenser beaucoup pour les vêtements. Le premier léguera ses habits au deuxième qui les léguera au troisième qui les léguera au quatrième qui...

— On pourrait se concentrer d'abord sur le premier, s'il te plaît ? On s'occupera ensuite des autres.

Ils vivaient à présent une vie paisible dans la cabane de pêcheur de dix-neuf mètres carrés, en comptant les combles qu'ils n'avaient pas le droit d'occuper. Leurs dépenses étaient réduites au minimum. Les pâtes et l'eau du robinet n'étaient pas aussi gastronomiques que le foie gras et le champagne, mais ils avaient vue sur la mer. En outre, grâce à l'eau de Javel, ils étaient depuis longtemps débarrassés non seulement des guêpes des sables, mais aussi des fourmis, abeilles-coucous, guêpes d'or, fourmis de velours, mouches des chenilles et de la plupart des autres insectes qui avaient pour mission d'assurer la diversité biologique.

Des millions de couronnes de jadis, il ne restait même pas la valise. Où en était le plan de Per sur la manière de donner et de reprendre un peu plus ? Johanna elle-même était sceptique. Prendre et reprendre serait peut-être une meilleure solution, vu la conjoncture actuelle.

Per avoua qu'il progressait lentement. Le père Noël lui revenait sans arrêt à l'esprit, mais cet idiot ne demandait rien en retour.

Johanna, qui commençait à se lasser de cette existence limitée à son ventre qui s'arrondissait et qui voyait un nouvel hiver approcher sur Gotland, proposa de se changer les idées par une excursion sur le continent.

— Pour quoi faire ? demanda son époux. Mis à part croiser un criminel qui nous en veut ? Ou deux ?

Johanna ne savait pas trop. Ils pourraient se divertir dans des établissements où ils étaient relativement certains de ne pas tomber sur la pègre. La Bibliothèque royale, le musée de la Marine…

Oh, quelle joie !

— Ou autre chose, tant que ça ne coûte rien, poursuivit-elle. D'ailleurs, j'ai une idée. Elle vaut ce qu'elle vaut, mais elle pourrait apporter la réponse aux questions sur ton avenir.

— Sur notre avenir, veux-tu ? la corrigea Per. C'est une bonne action ? Aider les vieilles dames à traverser la rue ?

— Eh bien, pourquoi pas ? Ou rendre visite au meurtrier amateur de champignons, que nous avons si élégamment renvoyé en prison. Si je me souviens bien, je le lui avais même promis dans la précipitation.

— C'était un mensonge, non ?

— Oui. Mais j'ai lu quelque part qu'il est défendu de porter de faux témoignage contre son prochain, répondit sa jeune épouse avec un sourire.

Une petite visite à Dédé le Meurtrier réduirait à 7-3 le match qu'ils ne gagneraient jamais contre les commandements. Mais ils pouvaient quand même améliorer le score.

Per Persson lança un regard sceptique à sa tendre moitié, qui admit que sa proposition avait peut-être un rapport avec un bouleversement hormonal. Elle avait lu des histoires à propos de femmes enceintes qui se nourrissaient de thon à l'huile, consommaient

351

vingt oranges par jour ou grignotaient des craies, alors l'hypothèse tenait la route. Mais tout de même.

Après tout, leur nouvelle vie était aussi paisible que les varechs échoués. Il ne restait plus la moindre guêpe des sables à propos de laquelle s'énerver. Une petite balade en ferry suivie d'une visite encore plus courte à un locataire de prison changerait peut-être quelque chose. Et puis, ça ne ferait pas un gros trou dans leur budget.

Per était plus convaincu que jamais que la grossesse était responsable de cette idée saugrenue. Son pasteur adoré s'ennuyait du meurtrier et des guêpes des sables ! Le futur papa devait prendre les choses en main. Et rapporter dare-dare un carton d'oranges ne suffirait pas.

— Pour notre virée, je suggère le début de la semaine prochaine, dit-il. Vérifie les heures de visites en prison, moi je m'occupe des billets de ferry.

Johanna acquiesça d'un air satisfait tandis que Per réussissait tant bien que mal à faire bonne figure. Revoir Dédé le Meurtrier ne pouvait pas être le but de leur vie. Mais si son épouse avait les hormones chamboulées, il n'y avait rien à faire. Toutefois, la Bibliothèque royale et le musée de la Marine ne le tentaient guère plus.

— Pour le meilleur et pour le pire, marmonna-t-il. Ça, ça rentre dans la catégorie du pire.

68

— Mes chers amis ! Dieu soit avec vous, Alléluia et Hosanna ! les salua Dédé au parloir.

Ils le reconnurent à peine. Leur ancien complice était vigoureux et en pleine santé, et son visage disparaissait presque entièrement sous une barbe, qu'il expliqua par les paroles de Johanna selon lesquelles l'Ancien Testament interdisait de se raser. Il ne se souvenait plus des mots que la jeune femme avait alors prononcés et n'avait pas trouvé le passage, malgré de longues recherches, mais il faisait confiance à sa chère amie.

— Lévitique 19, le renseigna Johanna par réflexe. « Vous ne mangerez rien avec du sang. Vous n'observerez ni les serpents ni les nuages pour en tirer des pronostics. Vous ne couperez point en rond les coins de votre chevelure et tu ne raseras point les coins de ta barbe. Vous ne ferez point d'incisions dans votre chair pour un mort et vous ne ferez point de figures sur vous. Je suis l'Éternel. »

— Ah, voilà, c'était ça ! approuva l'ancien prédicateur en se grattant la barbe. Je ne peux pas changer grand-chose aux tatouages, mais après discussion, Jésus et moi avons mis ça derrière nous.

Dédé se sentait comme un poisson dans l'eau. Il donnait des cours de catéchisme trois fois par semaine et avait jeté le grappin sur au moins quatre disciples et autant d'indécis. Son prosélytisme n'avait dégénéré qu'une seule fois, quand il avait essayé d'instaurer les grâces au réfectoire. Le cuisinier, condamné à perpétuité, avait alors été saisi d'un accès de colère et initié une rixe générale. La personne en tête de la file d'attente avait été un petit étranger que ses codétenus appelaient « le Moulin à paroles » parce qu'il ne disait jamais rien (en grande partie parce qu'il n'avait rien à dire dans une autre langue que celle que lui seul comprenait). Le cuistot avait planté un goulot de bouteille brisée dans le cou du Moulin à paroles, dont le dernier mot avait été « aïe ! » en suédois.

— Le type à la bouteille a écopé d'une nouvelle condamnation à perpétuité et a été rétrogradé au poste de plongeur, les informa l'ancien prédicateur.

Une peine à perpétuité ou deux, Dédé n'y voyait pas grande différence (même si être condamné à laver des assiettes deux vies de suite était peut-être pire que la mort). En revanche, il ajouta avec enthousiasme que, depuis son emprisonnement, il avait surmonté sa dépendance au vin de messe sans que ses contacts avec Jésus en pâtissent. Que Per et Johanna ne se vexent pas, mais il avait découvert au cours de ses études bibliques qu'ils avaient tous deux mal compris un ou deux trucs à ce sujet. Lire les enseignements de Jésus n'obligeait pas à s'enfiler une bouteille voire plus par jour. Il pouvait leur expliquer en détail.

— Non, merci, répondit la femme enceinte. Je crois que j'ai compris dans les grandes lignes.

En bref, continua le détenu modèle, le cuistot qui devait maintenant laver les assiettes tous les jours jusqu'à ce qu'il soit mort deux fois ne servait plus que du lait et du jus d'airelle, en vertu du règlement de l'établissement. Les prisonniers, n'éprouvant d'enthousiasme ni pour le premier ni pour le second, faisaient entrer clandestinement de grandes quantités de ce que Dédé n'avait pas avalé depuis plusieurs années et s'était juré de ne plus jamais consommer.

— C'est-à-dire ? demanda Johanna.

— Du Rohypnol et autres cochonneries. Rien ne me rendait plus enragé que le Rohypnol avec un peu de gnôle. Dieu merci, c'était il y a longtemps.

Seul nuage à l'horizon, le Service pénitentiaire d'insertion et de probation avait découvert en lui un détenu exemplaire et complotait dans son dos pour accélérer sa libération.

— Accélérer ? répéta Per.

— Dans deux mois. Et si ce n'était que ça. Qu'est-ce qui va arriver à mes élèves de catéchisme ? Et moi ? Je suis rongé d'inquiétude.

— Mais en voilà une nouvelle fantastique ! lança Per d'un ton si sincère que sa femme en fut stupéfaite. J'ai une idée, nous viendrons te chercher le jour de ta libération ! Je crois que j'ai un travail pour toi, ajouta-t-il, à la deuxième stupéfaction du pasteur.

— Dieu soit avec nous ! conclut Dédé le Meurtrier.

Johanna, elle, avait perdu sa langue.

Cette entrevue avait révélé à Per une chose que le pasteur n'avait pas notée. Grâce au Lévitique 19.27-28, Dédé le Meurtrier était devenu la réplique exacte du père Noël. Il suffirait de s'occuper de ses cheveux ébouriffés et de lui fournir des lunettes qui seyaient mieux au personnage. La barbe, authentique, avait la nuance de gris parfaite pour le rôle.

Le réceptionniste y vit un signe de... quelqu'un... On aurait pu penser qu'une puissance supérieure était intervenue, n'était le fait qu'aucune puissance, quel que soit son rang, ne lèverait le petit doigt pour le réceptionniste et son pasteur.

69

Dès que Per et Johanna furent seuls, le premier exposa sa découverte à la seconde. De retour chez eux, ils feuilletèrent de vieux exemplaires du quotidien *Gotlands Allehanda* et trouvèrent presque immédiatement des preuves que l'idée du réceptionniste pouvait se révéler rentable. Il y avait un article à propos d'un locataire chassé de son appartement par une invasion de punaises de lit. Le propriétaire estimait que les parasites n'étaient pas son problème et l'homme, bien que privé de logement, devait tout de même payer le loyer.

« Je ne touche que la pension de base », expliquait le vieil homme qui avait de bonnes raisons de se plaindre.

Sa situation désespérée n'éveilla pas l'intérêt du réceptionniste et du pasteur. L'homme était bien trop ridé et voûté pour avoir une quelconque valeur commerciale. Il devrait se débrouiller seul avec les punaises, même si Per envisagea un instant de lui téléphoner pour lui recommander l'eau de Javel, qui semblait venir à bout de n'importe quoi.

Mais la détresse que le vieillard avait déversée dans un journal local, imité par un autre malheureux d'une autre espèce auprès du concurrent, *Gotlands Tidningar*, quelques numéros plus tard, donna au couple la confirmation qu'il recherchait.

Le nombre d'histoires à fendre le cœur diffusées dans l'ensemble des quotidiens nationaux était quasi infini. Même une fois éliminés les vieux types assaillis par les punaises, les millionnaires au jardin envahi par les limaces espagnoles ou les rats blessés balancés dans des poubelles par des adolescents déséquilibrés armés de carabines à air comprimé...

— Comment tu t'en sors ? demanda Johanna en se massant le ventre, observant son mari le nez collé à l'iPad, un carnet de notes sous la main.

— Bien, merci. Je viens de commander la dernière édition électronique d'un quotidien suédois. Le *Ljusdalsposten*, précisa-t-il. Pour cent quatre-vingt-dix-neuf couronnes par mois.

« Après tout, pourquoi pas ? » songea sa femme. Même dans la belle région de Ljusdal, tout ne devait pas être rose. Puis elle fit l'erreur de demander à quels autres journaux en ligne ils avaient maintenant accès (la réponse faillit durer éternellement).

— Voyons voir. Le *Östersunds-Posten*, le *Dala-Demokraten*, le *Gefle Dagblad*, l'*Upsala Nya Tidning*, le *Nerikes Allehanda*, le *Sydsvenskan*, le *Svenska Dagbla*...

— Stop ! Ça suffit.

— Non, justement ! Si nous voulons avoir assez de documentation, il nous faut les journaux locaux des quatre coins du pays. J'en ai encore plusieurs sous les yeux et autant au verso de cette feuille. Une bonne cinquantaine en tout. Ce n'est pas donné, même si quelques-uns ont des offres de découverte. Je tire mon chapeau au *Blekinge Läns Tidning*, d'ailleurs ! Le premier mois d'essai est à une couronne.

— On pourrait presque prendre deux abonnements ! le taquina la jeune femme. Dommage qu'ils racontent la même chose.

Avec un sourire, Per ouvrit son fichier Excel. Si, à long terme, le budget annuel pour les abonnements se situerait autour de cent vingt mille couronnes, les remises de découverte, les abonnements de quelques numéros et les offres d'essai réduisaient l'investissement initial à une somme qu'autorisaient leurs moyens disponibles. La générosité des gens, dans l'ensemble plus grande que la leur, garantissait dans un délai assez court des résultats positifs sur la ligne « total » du bas.

— Si ce n'est que la générosité des gens est à mon avis beaucoup plus grande que la nôtre, je suis d'accord avec toi, mon chéri.

La pire menace qui pesait sur l'opération était le père Noël lui-même : Dédé le Meurtrier demeurait un facteur de risque ! Néanmoins, l'idée de Per était bien trop alléchante pour ne pas être testée à grande échelle.

— « Ne vous inquiétez donc pas pour le lendemain :

le lendemain s'inquiétera de lui-même. À chaque jour suffit sa peine. » Matthieu 6.34.

— Est-ce que tu viens de citer la Bible sans qu'on te le demande ? s'étonna Per.

— On dirait bien.

L'humanité est faite d'un peu de tout. D'avares, d'égocentriques, d'envieux, d'ignorants, d'imbéciles et de pleutres. Mais aussi de gentils, d'intelligents, de sympathiques, d'indulgents, de prévenants... et de généreux. Toutes les âmes ne recélaient pas l'ensemble de ces qualités, Johanna et Per le savaient, ne serait-ce que par lucidité bien ordonnée. La thèse du philosophe Emmanuel Kant selon laquelle chacun porte en soi une boussole morale démontrait, s'il en était besoin, qu'il n'avait jamais rencontré le couple.

La nouvelle idée de collecte et (puisqu'il le fallait) de partage, qui avait éclos à la vue d'un père Noël de pacotille distribuant des biscuits au centre de Visby, était à présent assemblée, poncée et vernie.

Per avait d'abord formé une commission d'enquête dont il était le seul membre et, par là même, le directeur. Son rôle : rassembler des informations sur le marché et la concurrence.

Il apprit par exemple que la poste suédoise recevait chaque année plus de cent mille lettres adressées au « Père Noël, 17300, Tomteboda, Suède ». Au téléphone, son représentant raconta fièrement à Per que chacun des expéditeurs recevait une réponse. Avec un petit cadeau.

Le réceptionniste le remercia et raccrocha, marmonnant que la valeur du « cadeau » était certainement inférieure à celle du timbre apposé par l'envoyeur. Ce qui, si c'était le cas, se résumait à une générosité fortement limitée doublée d'une rentabilité qui l'était tout autant. En soi, ce n'était pas si bête, mais insuffisant. En ajoutant les frais de gestion, on atteignait dans le meilleur des cas un résultat nul. Impensable.

Deuxième exemple : il y avait en Dalécarlie un village du père Noël, Tomteland. Il s'agissait d'un parc d'attractions où, après avoir acheté un ticket, mangé et bu pour quelques centaines de couronnes et dormi en échange de quelques milliers, on avait le privilège de rencontrer un faux père Noël à qui on remettait une liste de cadeaux. L'intermittent du spectacle, quant à lui, avait de quoi alimenter sa cheminée le soir.

Conclusion : la balance penchait nettement du côté des collectes au détriment des dons. Or, l'équilibre était capital !

Un autre père Noël à fausse barbe habitait à Rovaniemi, en Finlande. Le concept semblait proche de celui de Dalécarlie. Avec les mêmes défauts.

Sans compter que les Danois affirmaient que le père Noël vivait au Groenland, les Américains, au pôle Nord, les Turcs, en Turquie et les Russes, en Russie. Parmi eux, seuls les Américains avaient fait de leur Santa une véritable industrie : le personnage aimait le Coca-Cola plus que tout et chaque année, pour les fêtes, sortait un film où il commençait par mettre la pagaille puis, au dernier moment, rendait heureux tous les enfants du monde. Enfin, au moins le jeune comédien. Pour de faux. À douze dollars l'entrée.

Il y avait aussi Sinterklass, ou saint Nicolas, le cousin du père Noël. D'après les lectures de Per, le personnage était autrefois le patron des anciens voleurs, une pensée plutôt sympathique. Mais il fut disqualifié, car il apportait des cadeaux aux enfants dès le 6 décembre.

— Ça dépend tout de même de la zone sur laquelle on mise, objecta sa jeune épouse, enceinte jusqu'aux yeux.

— Un pays à la fois, ma chérie ! Prends par exemple l'Allemagne, avec dix fois plus d'habitants qu'ici. Il nous faudrait dix pères Noël du genre de Dédé le Meurtrier, capables de dire « Frohe Weihnachten » sans se tromper.

Deux mots étrangers. Cinq syllabes que Dédé n'apprendrait jamais (tant qu'il ne s'agissait pas des noms latins de champignons). En outre, Hosanna risquait de signifier aussi Hosanna en allemand.

La concurrence en pères Noël qui distribuaient de vrais cadeaux sans être payés au préalable était donc restreinte, voire inexistante.

La rentabilité de l'affaire dépendrait du nombre d'histoires tragiques qu'ils trouveraient dans les médias.

De préférence mères célibataires, enfants malades ou animaux abandonnés à l'air attendrissant. Les vieux bonshommes moches chassés de chez eux par des punaises de lit ne fendraient pas assez de cœurs, pas plus que les rats blessés et jetés à la poubelle. Quant aux multimillionnaires au jardin ravagé par les limaces espagnoles, selon la mentalité suédoise : « bien fait pour eux ».

En sélectionnant soigneusement les faits divers les plus « bankables », le public ciblé en aurait déjà connaissance et accepterait sans doute d'en entendre parler à nouveau, après une visite inattendue du père Noël aux nécessiteux.

Ce qui par ricochet générerait la fréquentation d'un coin du Net où l'on trouverait un père Noël avec une barbe qui tenait au menton.

Et si Dieu se montrait assez généreux (Per ravala cette calomnie), cela conduirait à un don ou deux. Ou cent. Ou mille, pourquoi pas ?

Le plan était fin prêt. Il ne manquait plus que le Service pénitentiaire mette à exécution son idée aussi folle que propice de relâcher Dédé le Meurtrier.

70

Le « Projet Père Noël » trouvait donc son origine dans l'idée que seul prendre était plus agréable que donner. Selon le pasteur et le réceptionniste, quiconque arrivait à accomplir les deux remplissait les conditions requises pour vivre une vie longue et heureuse. Ils n'avaient pas pour objectif de mourir de faim, eux et le bébé qu'ils attendaient. Même Dédé ne méritait pas ce sort.

Dans cette optique, le réceptionniste avait créé une page Facebook intitulée : « Le vrai père Noël – il apporte le bonheur toute l'année ».

La page était couverte de messages d'amour de différentes tonalités (mais aucun religieux). Sur le maigre espace restant, on apprenait que chacun était libre d'ouvrir son cœur (c'est-à-dire son portefeuille) pour aider le père Noël dans sa tâche. On pouvait le soutenir par virement bancaire, carte de crédit, transfert direct, téléphone mobile et divers autres moyens. Dans tous les cas, l'argent arrivait sur un compte à la

Handelsbanken de Visby, au nom de la société suédoise Vrai Père Noël SA qui, quant à elle, appartenait à cent pour cent à une fondation suisse anonyme. La marque « Dédé le Meurtrier » ayant sombré, l'identité de celui qui illuminait des vies ne devait à aucun prix être révélée. Alors que la personne du père Noël était, depuis toujours, aussi populaire que celles de Nelson Mandela, Mère Teresa et celui dont on ne prononcera pas le nom en vain.

Jusque-là, l'opération ressemblait étonnamment à l'ancien site de dons de Dédé (à présent submergé de commentaires de gens qui exigeaient d'être remboursés).

Par précaution, le réceptionniste avait commandé les vingt-trois versions régionales du rôle d'impôts, à deux cent soixante et onze couronnes pièce. L'investissement était rentable : Per Persson connaissait ainsi les noms, les adresses et les revenus sur l'emploi ainsi que les revenus sur le capital de toutes les personnes qui payaient leurs impôts sur le territoire. Voilà comment fonctionnaient les choses, ici. Rien n'est secret. Sauf l'identité du père Noël. Il fallait être prudent, et ne pas prendre le risque d'envoyer un don à un bénéficiaire auquel les lecteurs auraient refusé d'ouvrir leur bourse. Les efforts du trio seraient gâchés si l'argent revenait à un malheureux qui percevait deux millions de couronnes par an et habitait une villa jaune du début du siècle dernier à Djursholm, comptant douze pièces et une cuisine. Avec ou sans limaces espagnoles.

Il était prévu que la toute première contribution irait à une jeune femme dont l'adresse indiquait qu'elle vivait en appartement. Le rôle d'impôts révéla qu'elle était locataire et percevait à peine quatre-vingt-dix-neuf mille couronnes par an.

Maria Johansson, trente-deux ans, occupait un deux-pièces exigu à Ystad, la ville la plus méridionale de Suède, avec sa fille de cinq ans, Gisela. Le père avait déserté le domicile familial depuis plus d'un an. Maria était sans emploi et le *Ystads Allehanda* rapportait qu'on avait lancé une pierre dans la fenêtre de sa chambre à coucher. À présent, elle se bagarrait avec la compagnie d'assurances, qui tenait pour avéré que c'était le père de Gisela qui avait lancé la pierre un samedi en pleine nuit. La preuve venait en premier lieu de l'homme qui, interrogé par la police, reconnut qu'après une sortie au restaurant il s'était rendu chez son ex-compagne, lui avait hurlé dessus et l'avait traitée de prostituée quand elle lui avait refusé l'entrée et ses faveurs, même en échange d'argent. Il avait bouclé sa visite à jet de pierre.

Le problème, côté indemnisations, était que le père de Gisela résidait toujours officiellement à la même adresse. Quiconque démolit sa maison de son propre chef n'a aucun dédommagement à espérer de sa compagnie d'assurances. Maria et Gisela fêteraient donc Noël avec un panneau d'Isorel en guise de fenêtre. À moins que Maria investisse ses dernières économies dans une nouvelle vitre au lieu d'acheter un cadeau pour Gisela. L'hiver étant froid, même dans le Sud, Gisela dut se passer de cadeau comme de sapin.

Voilà où en étaient Maria et sa fille quand on frappa à leur porte. La jeune femme entrebâilla le battant, c'était peut-être…

Mais non. C'était le père Noël. Le vrai, semblait-il. Il s'inclina et tendit à Gisela une poupée interactive, avec laquelle elle pouvait parler ! Immédiatement baptisée Nanne, cette nouvelle camarade devint le jouet préféré de Gisela. Bien que Nanne ait été programmée à la va-vite.

— Je t'aime, Nanne, disait par exemple Gisela.

— Je ne comprends pas, je ne sais pas lire l'heure, répondait Nanne.

En plus du jouet, le père Noël tendit à la mère de Gisela une enveloppe contenant vingt mille couronnes. Puis, il lança « Joyeux Noël ! », parce que c'est la devise du personnage. Ensuite, malgré l'injonction de n'en rien faire, il ajouta « Hosanna ! ». Ce père Noël n'avait pas tous les rennes au bon endroit.

Il repartit comme il était venu, dans un taxi conduit par un certain Taxi-Torsten. Deux lutins satisfaits l'attendaient sur la banquette arrière ; aucun ne portait de costume et l'un des deux était enceint de huit mois.

Ce fut donc à Ystad que commença le Projet Père Noël. L'équipée se poursuivit en direction du nord. Étape suivante : Sjöbo. Suivie de Hörby, Höör et Hässleholm, avant de remonter toujours plus loin à travers le pays. Le trio offrit chaque jour un nouveau don de dix à trente mille couronnes, quatre semaines de suite. Parfois en espèces, parfois sous forme de cadeaux, parfois les deux.

Les mères célibataires avaient du potentiel. Les jeunes réfugiés orphelins rapportaient presque mieux, surtout les filles. Et plus elles étaient jeunes, plus leur valeur économique montait en flèche. Les malades et handicapés faisaient aussi du chiffre. Avec d'adorables garçonnets et fillettes atteints de cancer, c'était le jackpot assuré.

À Hässleholm, Taxi-Torsten déposa le père Noël devant un immeuble. Celui-ci gravit un escalier et sonna à la porte d'une bénévole d'âge mûr de l'Armée du Salut.

La femme ouvrit, accepta l'épaisse enveloppe, découvrit qu'elle contenait cent mille couronnes et s'exclama :

— Dieu vous bénisse ! On ne s'est pas déjà vus quelque part ?

Le père Noël disparut avec le taxi avant que la soldate puisse recouvrer la mémoire ou l'inviter à manger de la purée de rutabagas.

Pour la période du 20 décembre au 20 janvier, leurs dépenses totales ne dépassèrent pas quatre cent soixante mille couronnes, moins que les cinq cent mille prévues et qui représentaient leurs dernières économies, malgré l'extraordinaire don à Hässleholm et ceux des quatre premières semaines. L'organisation future prévoyait trois semaines par mois sur les routes suédoises et une de repos à Gotland. À condition de ne pas faire faillite, comme le rappela Per. Dans ce cas, il ne leur resterait plus qu'à pondre des enfants à intervalles les plus rapprochés possible.

— Mieux que le budget ! lança sa femme, avant de perdre les eaux sous l'émotion. Aïe ! Ouille ! Il faut qu'on parte à l'hôpital tout de suite !

— Attends, je n'ai pas fini de t'expliquer ! protesta le père imminent.

— Hosanna ! se réjouit le père Noël.

— Je vais chercher la voiture, annonça Taxi-Torsten.

Leur fille pesait deux kilos neuf cent quatre-vingts grammes.

— Eh bien, voilà ! dit le réceptionniste à son pasteur épuisé. Les premières allocations familiales sont assurées. Quand te sentirais-tu partante pour le deuxième ?

— Peut-être pas aujourd'hui, répondit Johanna tandis que la sage-femme la recousait là où c'était nécessaire.

Quelques heures plus tard, alors que le bébé dormait sur le ventre de sa mère, celle-ci eut la force de demander au papa tout frais la suite des explications qui s'étaient brusquement arrêtées avec les premières contractions.

— Eh bien, j'allais te dire que nous avions aussi fait de petits bénéfices grâce à notre campagne publicitaire sur Internet.

— Ah oui, vraiment ? Combien ?

— En gros ?

— En gros.

— Alors, sous réserve que je me souvienne de la somme exacte, que je n'ai pas eu le temps de noter, et qu'elle n'ait pas diminué de quelques couronnes pendant que nous donnions le jour à notre enfant...

— Tu peux en venir au fait ? l'interrompit-elle en songeant que c'était surtout elle qui avait mis leur fille au monde.

— Oui, pardon. Environ deux millions trois cent quarante-cinq mille sept cent quatre-vingt-dix couronnes.

À cet instant, Johanna aurait à nouveau perdu les eaux si cela avait été possible.

72

Plus le père Noël répandait le bonheur autour de lui, mieux les affaires se portaient. Ils recevaient des milliers de petits dons chaque jour, émanant de Suède et même du monde entier. Des mères célibataires pleuraient de joie, imitées par d'adorables fillettes, des chiots gémissaient de gratitude. Les quotidiens écrivaient, les hebdomadaires imprimaient des doubles pages d'enquêtes, la radio et la télévision suivirent le mouvement. Le père Noël offrit un authentique bonheur pour les fêtes, mais aussi quand l'hiver céda la place au printemps, et le printemps à l'été. Les cadeaux arrivaient sans fin.

Les Tomteland en Dalécarlie et à Rovaniemi durent revoir leur concept. Exhiber un type affublé d'une barbe postiche qui acquiesce d'un air compréhensif quand fifille réclame un poney ne suffisait plus. Soit le père Noël habillé de synthétique lui offrait ce qu'elle souhaitait (le manque de rentabilité était évident même pour un enfant de cinq ans), soit il lui expliquait avec toute la pédagogie possible qu'il ne pouvait lui offrir qu'une petite boîte de Lego®, en collaboration avec The Lego Group à Billund, Danemark. Pas de poney ni même de hamster. Le prix modique du cadeau de Noël (qui ne satisfaisait pas fifille) était amorti par le coût un peu plus élevé de l'entrée.

Des journalistes d'investigation tentèrent de découvrir l'identité du père Noël et la hauteur des dons qu'il recevait. Mais aucun ne parvint à franchir l'obstacle de la Handelsbanken de Visby, qui ne voyait aucune raison de dévoiler le montant des sommes transférées à la fondation anonyme en Suisse conformément à la loi du royaume de Suède. Et comme chaque donateur n'apportait qu'une petite somme (c'était le nombre de donateurs qui engendrait les millions), les journalistes ne purent réfuter l'altruisme de ce père Noël anonyme.

Une seule fois réussit-on à prendre le personnage en photo, mais accoutré comme il l'était de sa longue barbe et du reste, nul ne reconnut l'ancien meurtrier et ex-prédicateur de l'Église d'André. Par précaution, Taxi-Torsten avait volé des plaques d'immatriculation sur une fourgonnette et transformé un F en E à l'aide de peinture. À présent, son véhicule appartenait à première vue à personne et en grattant un peu, à un électricien de Hässelby.

Les spéculations continuèrent de plus belle. Pouvait-ce être le roi qui répandait le bonheur parmi ses sujets ? Après tout, on connaissait la sollicitude de la reine envers les enfants et les personnes fragiles. L'idée fit son chemin dans différents fils de discussion sur Internet jusqu'au jour où Sa Majesté abattit un quatre-cors dans une forêt du Sörmland à l'instant même où le père Noël apportait la félicité à une réfugiée orpheline de douze ans à Härnösand.

Le pasteur, le réceptionniste, le père Noël et Taxi-Torsten se partagèrent avec solidarité huit pour cent des excédents, menant une vie confortable sur l'île de la mer Baltique qui était devenue leur foyer. Ils réinvestissaient le reste en générosité envers leurs prochains. Per travaillait à présent au plan originel de Johanna : étendre leur activité au pays de Goethe. Les Allemands avaient à la fois de l'argent et du cœur. Et de bons footballeurs. En plus, ils étaient si nombreux que calculer les bénéfices que rapporterait le Projet Père Noël allemand se révélait utopique. Seule difficulté : trouver dix pères Noël locaux, comprendre ce qu'ils racontaient et leur expliquer ensuite ce qu'ils devraient dire. Et leur faire tenir leur langue sur leurs activités.

Une nouvelle fois, les voies du Seigneur se montrèrent impénétrables. À peu près au même moment, la mère de Per – qui avait failli devenir professeur d'allemand – se lassa des éruptions de son époux et des volcans islandais.

Pendant l'un de ses rares retours à la civilisation pour se ravitailler, elle appela la police pour révéler où se trouvait son escroc de mari et fut débarrassée de lui.

Ensuite, elle contacta Per via Facebook. De fil en aiguille, elle obtint sa propre cabane de pêcheur sur Gotland, à proximité de son fiston et de sa petite famille, ainsi que le poste de responsable du développement pour le futur lancement en Allemagne. Tandis que le tribunal islandais condamnait son mari à une peine de six ans et quatre mois en vue de sa réinsertion morale en matière financière.

Le père Noël anonyme, lui, rencontra une Stina chez qui il ne tarda pas à emménager. Elle avait ressenti un véritable coup de foudre quand il lui dévoila le nom latin de la morille des pins (qu'il connaissait parce qu'avant de devenir meurtrier il avait acheté un livre afin d'apprendre à rendre magiques les champignons. Dédé ne s'était aperçu qu'après sa dixième lecture qu'il savait dorénavant le nom de tous les champignons imaginables, mais qu'il n'avait appris aucune méthode permettant de les rendre plus hilarants qu'ils ne l'étaient déjà).

Le couple échoua dans sa quête de truffes (*Tuber melanosporum*) avec leur cochon apprivoisé et timbré, et obtint autant de succès avec les morilles des pins (notamment parce que le cochon s'entêtait à fourrager dans les jardins).

Stina, en nature simple, ne comprit jamais ce que son Johan adoré fabriquait sur le continent trois semaines d'affilée. L'important, c'était qu'il rentre toujours à la maison le jour prévu avec une épaisse enveloppe de billets. Et qu'ils aillent ensemble à l'église un dimanche par mois pour remercier le Seigneur pour tout, sauf l'échec avec les truffes et les morilles des pins.

Quand il ne servait pas de chauffeur particulier au père Noël, Taxi-Torsten proposait ses services sur l'île. Non qu'il ait besoin d'argent, mais il aimait conduire. La quatrième semaine, il travaillait de midi à six heures, du lundi au jeudi, et passait le reste de son temps au bistrot ou au lit. Il louait une chambre permanente dans un appart'hôtel au centre de Visby, à faible distance de n'importe quel bistrot.

Johanna et Per décidèrent de rester avec leur bébé dans leur modeste cabane de pêcheur. Grand-mère se tenait prête à venir en renfort.

Ils n'avaient plus besoin de quatre ou cinq gamins supplémentaires pour vivre de maigres allocations, mais ils en accueilleraient de bon cœur un ou deux de plus. Par amour et non par cupidité. Ils pourraient continuer à détester le monde entier à côté. Ou bien arrêter, comme Per le suggéra un soir, au moment d'aller se coucher.

— Arrêter ? s'étonna sa femme. Mais pourquoi ?

Bah, c'était sorti tout seul. Il trouvait juste que la liste d'exceptions à cette détestation commençait à être longue. Le bébé, évidemment. Peut-être le meurtrier. Il était très gentil, en fait. Si seulement il n'avait pas été bête à ce point. Et la préfète, qui les avait mariés alors qu'elle avait certainement noté que les témoins ne savaient pas pour quoi ils témoignaient.

Johanna hocha la tête. Il y avait d'autres personnes à rajouter à la liste : la grand-mère du bébé, la copine du meurtrier et, à défaut de Taxi-Torsten, au moins son taxi.

— Au fait, j'ai surpris une guêpe des sables en train de bourdonner autour du varech, aujourd'hui. Nous n'avons plus d'eau de Javel. Soit on en rachète, soit on ajoute les bestioles au meurtrier, préfète et compagnie.

— D'accord, ajoutons les guêpes à la liste. Il y en aura pas mal, mais quand il y en a pour un, il y en a pour deux. Est-ce qu'on fixe les limites ici ? Et on continue à détester le reste ?

Oui, c'était un bon compromis.

— Mais pas ce soir. Je suis un peu trop fatiguée pour ne pas aimer. La journée a été bonne, mais longue. Dors bien, mon ancien réceptionniste, dit l'ancien ministre du culte en tombant dans les bras de Morphée.

Épilogue

Par une belle soirée, près de la cabane de pêcheur familiale, Johanna contemplait la mer lisse qui miroitait.

Le ferry pour Oskarshamn glissait sans bruit à l'horizon. Une pie de mer solitaire sautillait parmi le varech rapporté par la marée un peu plus loin. À sa surprise, l'oiseau trouva un insecte à gober, ce qui n'était pas arrivé depuis longtemps à cet endroit.

Rien d'autre n'était en mouvement. Le soleil se couchait lentement en passant d'une teinte jaune à orangée.

Soudain, une voix rompit le silence.

« Tu n'es pas mauvaise, Johanna. Je veux que tu le saches. Personne n'est entièrement mauvais. »

Avait-elle de la compagnie ?

Non.

— Qui êtes-vous ? demanda-t-elle tout de même.

« Tu sais qui je suis et tu sais que notre Père est toujours prêt à pardonner. »

Johanna haleta d'émotion. Était-ce lui ? Après tant d'années ? La pensée était étourdissante. Et révoltante. Si contre toute attente il existait, n'aurait-il pas pu se manifester plus tôt et interrompre le règne de terreur de papa Kjellander pendant qu'il était temps ?

— Mon père ne pardonnait pas et je ne prévois pas de lui pardonner non plus. Et ne viens pas m'embêter avec « Si quelqu'un te frappe sur la joue droite, présente-lui aussi l'autre ».

« Pourquoi pas ? » demanda Jésus.

— Parce que, pour commencer, ce n'est ni de toi ni de Matthieu. Au fil des siècles, les gens t'ont fait dire ce qui les arrangeait sans te demander la permission.

« Minute, papillon », dit Jésus, aussi chamboulé que le permettait sa personne. « C'est vrai, on invente tout et n'importe quoi en mon nom, mais que sais-tu de... »

Il n'alla pas plus loin, car Per sortit de la cabane, la petite Hosanna dans les bras.

— Tu parles toute seule, maintenant ?

Johanna répondit d'abord par un silence qui se prolongea.

— Dieu seul le sait.

Remerciements

Je tiens à remercier toute la famille de Piratförlaget, l'éditrice Sofia et la rédactrice Anna en tête. Tout particulièrement Anna, pour ses fantastiques sauvetages héroïques de dernière minute.

Merci, de même, à mon oncle Hans et à Rixon, d'avoir été à mes côtés avec leurs encouragements sur la toute première version du manuscrit. À mon frère Lars et à Stefan de Laxå, qui m'ont eux aussi inspiré et donné confiance dans les phases cruciales.

Par la même occasion, je voudrais rappeler à mon agent, Carina Brandt, quelle incroyable professionnelle et amie elle est. Et à propos d'amis :

Je souhaite à tout le monde un Anders Abenius dans son entourage, un Patrik Brissman et une Maria Magnusson. Ensemble, vous rendez plus simple ma vie d'écrivain.

Largement mais sincèrement, je voudrais aussi remercier Médecins sans frontières pour la différence que vous faites en ces temps où plus de gens que jamais vont mal sur cette planète. Vous agissez, ce qui n'est pas le cas de tout le monde.

Parmi tous ceux que je ne peux pas citer sur cette page, je voudrais en particulier nommer Dieu. Il mérite un grand merci pour la permission de le faire apparaître dans mon récit, mais je trouve qu'il devrait se donner plus de mal pour que ses supporters les plus fervents ne le prennent pas tant au sérieux. Pour qu'on soit plus sympas les uns avec les autres et qu'on ait plus de raisons de rire que de pleurer. J'en demande trop ? RSVP.

Jonas Jonasson